스타트업을 위한

특허 비즈니스

스타트업 전문 변리사가 비즈니스 기회를 발견하는 33가지 방법

스타트업을 위한 특허 비즈니스

초판 1쇄 인쇄 2018년 3월 26일
초판 1쇄 발행 2018년 3월 30일

지은이 이동기

발행인 백유미 조영석
발행처 (주)라온아시아
주소 서울시 서초구 효령로 34길 4, 프린스효령빌딩 5F

등록 2016년 7월 5일 제 2016-000141호
전화 070-7600-8230 **팩스** 070-4754-2473

값 15,000원
ISBN 979-11-89089-02-3 03320

이 도서의 국립중앙도서관 출판시도서목록(CIP)은 서지정보유통지원시스템 홈페이지(http://seoi.nl.go.kr)와 국가자료공동목록시스템(http://www.nl.go.kr/kolisnet)에서 이용하실 수 있습니다.
(CIP제어번호 : CIP2018008642)

● 이동기 지음

스타트업 전문 변리사가 비즈니스 기회를 발견하는 33가지 방법

스타트업을 위한
특허 비즈니스

RAON
BOOK

프롤로그

우리가 잘 몰랐던 특허와 비즈니스의 상관관계

당신은 최근에 꿈을 꾸어본 적이 있는가? 심장이 뛰어본 적이 있는가? 이제는 관성적인 삶에 익숙해져버려서, 더는 새로운 꿈과 기대를 하는 것은 사치라고 생각하는 것은 아닌가.

필자는 오늘도 새로운 상담을 하면서 의뢰인의 심장이 뛰는 꿈 이야기를 듣고 있다. 의뢰인이 새로운 아이디어로 어떻게 세상에 변화의 물결을 일으키고자 하는지 열정이 담긴 이야기를 듣다 보면 덩달아 심장이 뛰고 벅찬 기대가 밀려온다.

많은 사람이 여전히 새로운 아이디어로 뜨거운 꿈을 꾸고 열정을 다해서 달려 나가며 성공의 꿈을 꾼다. 그 과정에서 도움을 주는 것이 바로 특허다.

이 책은 특허를 주로 다루었다. 하지만 당신이 '특허'라고 했을 때 떠올리기 쉬운 이론서나 특허 홍보서는 아니다. 이 책은 특허를 주제로 당신이 성공하는 과정을 쉽게 보여주는 가이드다.

특허는 무엇이고 왜 필요한가? 특허는 새로운 아이디어를 만들어낸 사람에게 큰 혜택을 주어 그 아이디어를 기반으로 비즈니스에 성공할 수 있도록 도움을 주는 제도다. 비즈니스에 유용한 도구이자 수단인 것이다.

하지만 안타깝게도 특허를 어려운 것으로만 여기다 보니, 정작 특허를 제대로 활용해 효과를 보는 방법을 모르는 사람이 태반이다. 지금 서점에서 이 책의 프롤로그를 읽고 있다면 주변에 특허 관련 다른 책이 있는지 돌아보라. 아마 없을 것이다.

필자는 특허 전문가라는 변리사의 명함으로 10년간 1,000여 건의 특허를 다루었고, 실제로 100여 건 정도의 누구나 알만 한 성공 사례들을 이끌어냈다. 그 과정에서 더 많은 사람이 특허의 실체를 쉽게 이해하고 좋은 아이디어를 만들어내며 꼭 필요한 지식재산권 상식을 접할 수 있도록 5권의 소책자를 만들어 온라인에 무료 배포했다.

이 책은 10년간의 콘텐츠와 경험 사례들을 그러모아 체계적으로 정리했다. 필자에게는 또 필자 주변에서 도움을 받았던 사람들에게는 너무도 당연한 내용이지만, 특허에 생소한 모든 사람에게는 전혀 새로운 내용일 것이다. 하지만 특허와 연관되어 비즈니스에 도움이 필요한 예비 스타트업start-up, 중소기업을 이끌고 있는 대표자, 기업에서 특허 업무를 담당해 체계적인 기업 발명을 담당하는 분들에게는 반드시 필요한 내용일 것이다.

이 책이 담고 있는 특징은 다음과 같다.

(1) 비즈니스에 적합한 특허의 소재는 무엇인가를 단순한 취미로서의 발명 행위와 구별해 접근했다.

(2) 특허의 소재를 어떤 방식으로 점검하는지 구체적인 근거와 방식을 제시했다.

(3) 특허 내용을 보완해야 한다면 어떻게 가능한지 아주 쉬운 방법을 제시했다.

(4) 훌륭한 특허거리가 완성되었다면 이를 비즈니스 면에서 활용하기 위해 무엇을 준비해야 하는지 스스로 작성해볼 수 있도록 가이드했다.

(5) 특허에 관한 모든 이론을 스스로 알고 있는 것은 미련하고 무의미하다. 대신에 어떤 상황에서도 당신의 변리사와 깊숙하게 의논할 수 있을 만한 지식재산권 핵심 상식만을 별도로 정리했다.

이 책은 철저하게 비즈니스에 연관된 내용만 담고 있다. 취미로 특허를 대하거나 이론적으로 중무장하기 위한 학생 수험생 등은 학습서 서가로 발걸음하기를 권한다.

만일 당신이 새로운 비즈니스 기회를 포착하고 싶지만 마땅한 돌파구를 찾지 못해 답답하다면, 이 책은 '특허'라는 시각에서 새로운 기회의 문을 열어줄 것이다.

그리고 이는 아주 생뚱한 것이 아니라, 실제로 신문 기사에 언급되고 우리들의 입에 오르내리는 성공적인 스타트업 사례나 유수의 알만한 중소기업 사례에서 검증된 것이다. 3장에서 당신이 알만 한 필자의 성공 사례를 만날 수 있을 것이다.

필자의 이야기를 일단 들어보기를 권한다. 편한 마음으로 엄선된 다양한 실제 사례를 따라가다 보면 책을 읽는 과정에서 새 아이디어가 떠오르는 경험을 하게 될 것이다. 그 즉시 메모장에 내용을 써 내려가 보라. 아마도 책을 덮을 때 즈음이면 당신의 비즈니스를 성공으로 이끌어줄 그럴듯한 아이디어가 어느 정도 윤곽을 드러낼 것이다.

단언컨대 필자를 믿고 따라오기 바란다. 이 책은 당신에게 '새로운 기회'를 가져다줄 것이다.

차례

| 3장 |

HOW TO ① 특허 하나만 있어도 성공적인 비즈니스가 가능하다

4장

HOW TO ② 특허 활용으로 시장 10배 키우기

5장

HOW TO ③ 스타트업이 반드시 알아야 하는 지식재산권 상식

1장

4.0시대 비즈니스 환경이 변하고 있다

1

4차 산업혁명이 당신의 비즈니스를 위협한다

최근 4차 산업혁명이 뜨거운 화제로 떠오르고 있다. 로봇, 인공지능, 사물인터넷Internet on Things, IoT 같은 어려운 소재와 더불어 스마트공장 등의 난해한 개념이 주변에서 심심치 않게 들리고 있다. 과연 4차 산업혁명이 무엇이고 그게 나에게 왜 중요하단 말인가.

4차 산업혁명을 가장 쉽게 정의하면 '인터넷에 연결된 채 최신의 IT 기술을 접목해 종래와 차원이 다르게 대량 생산이 가능한 것' 정도로 이해할 수 있을 것이다. 종래에 컴퓨터 기술만으로 대량 생산하던 것을 넘어서 공장에 사람이 없어도 완전 자동화가 가능하다는 것이 대표 사례다.

여기서 중요한 것은 4차 산업혁명이 무엇인가가 아니라, 왜 4차 산업혁명을 눈여겨보아야 하고 또 나에게 어떤 영향을 미칠 것인가다. 실제로 4차 산업혁명은 국가 또는 대기업의 차원에서 이끌어가고 있다. 그래서 비즈니스의 대부분을 차지하는 중소기업이나 스타트업 입장에서는 '그런 게 있구나' 정도로만 흘려들을 뿐이지, 그래서 '어떻게 하라는 거야?'라는 면에서의 정보는 턱없이 부족하다. 그래서 이 책에서는 스타트업이나 중소기업의 입장에서 4차 산업혁명이 어떤 영향을 끼칠지 이야기를 풀어볼 것이다.

혹시 당신은 최근에 만들어진 대규모 공장에 방문해본 적이 있는가. 필자는 최근에 화장지를 생산하는 국내 유수의 다국적 대기업 공장에 초대받아 견학한 적이 있다. 넓은 부지에서 쾌적하게 관리되는 공장은 최신 설비로 대부분 자동화되어 있었는데, 1시간에 수천 개의 화장지를 만들어내는 대규모의 생산 라인에는 의외로 관리자가 1~2명에 불과했다. 이를 보고 견학을 동행했던 많은 분이 "이러니 자꾸 일자리가 줄어드는 게 아니겠어"라고 말하는 게 아닌가. 이에 필자는 동행한 분들에게 이렇게 답변했다. "아닙니다. 여기 공장에서는 일자리가 줄어들더라도, 로봇 생산 업체와 자동화 공정 IT 회사에는 새로운 일자리가 생겼습니다."

대규모 자동화 설비에 의해 운영되는 최신 공장에서 기존에 사람이 일일이 수작업하고 검품하던 일자리가 사라지는 것은 분명히 맞다. 하지만 자동화 설비를 만들고 운영하는 측면에서 새로운 회사가 생기고 AS를 담당하는 일자리가 생겼다는 것은 일자리가 생기는 곳이 바뀐

제품 생산의 전 과정이 무선 통신으로 연결되어 자동으로 이뤄지는 최신의 공장
출처: 유한킴벌리 홈페이지

다는 것이다. 즉 산업의 패러다임이 바뀐다는 것을 의미한다.

4차 산업혁명 역시 종래의 획일적인 대량 생산 방식에서 스마트한 방식의 대량 생산 시스템이 구축되어가는 과정이다. 즉 종래의 전통 산업이 IT 산업으로 시장과 기술과 일자리의 초점이 바뀐다는 것을 의미한다.

최근 아디다스가 독일에 도입한 스마트 팩토리smart factory를 살펴보자. 운동화는 인력을 투입해 바느질로 갑피를 연결하고 접착제로 밑창에 고정하는 노동 집약적 사업이다. 아디다스는 여러 협력 업체들의 도움을 받아 모든 공정을 신기술로 자동화했다. 그래서 소비자들이 스마트폰으로 본인이 원하는 디자인과 색상과 재료를 선택하면 공장에서 자동 생산되어 소비자에게 배송된다. 이렇게 되면 기존에 운동화를 판매하는 데 필요했던 매장과 창고, 운동화 부속품, 제조 인력이 일순간 무용지물이 된다. 그 자리에 주문용 웹페이지, 자동 제조가 가능하도록 하는 기능성 부속품, 전체 공장을 스마트하게 컨트롤하는 자동화 공정 IT 기술이 대체하게 된다. 결국 전통 방식으로 제작업과 서비스업을 제공하던 입장에서는 본인의 자리를 빼앗기는 위기가 될 수 있으니 이것이 바로 4차 산업혁명을 우리가 주의 깊게 바라보아야 할 이유다.

이 책을 읽고 있는 당신이 자동차 부속품을 만들어 완성차 업체에 납품하는 비즈니스를 하고 있다고 가정해보자. 당신은 자동차 엔진에 들어가는 피스톤을 제조하고 매년 더 좋은 성능을 갖추기 위해 R&D를 거쳐 경쟁사들보다 나은 성능을 유지하고 있다. 10년간 꾸준히 성능을 개선한 결과, 국내 시장을 넘어 유럽의 프리미엄 자동차 회사에도 납품을 앞두고 있다. 그런데 테슬라Tesla의 전기차가 출시되면서 자동차의 패러다임이 친환경, 고성능 전기 자동차로 급변하게 되었다. 그렇다면 이제 자동차 전체 시장에서 엔진 대신 모터가 필요하게 되었으며 그간 오직 엔진과 피스톤을 바라보던 당신에게는 고정적인 시장이 사라지는 결과가 되었다. 이 얼마나 가혹한 변화인가!

결국 4차 산업혁명은 그 내용보다는, 산업의 '혁명'으로 인해 산업의 패러다임이 일순간 변하면서 거대한 변화의 폭풍이 몰려온다는 것이 중요하다. 이러한 산업의 변화는 국가, 대기업으로부터 시작해 중소기업과 스타트업까지 영향을 끼칠 것인데, 국가 정책이나 대기업의 사업에 영향을 받지 않을 중소기업은 없기 때문이다. 작은 기업일지라도 현재의 비즈니스에 안주하지 않고 변화를 예민하게 감지해 사전에 다양한 시도와 투자를 해야 한다. 그래서 제대로 잘 만들어진 신사업으로

다른 자동차 제조 업체에 비하면 규모는 작지만 강력한 성능의 전기차로 자동차 업계의 판을 흔들고 있는 강력한 진원지인 테슬라

출처: 테슬라 홈페이지

다가오는 변화의 파도에 올라설 수 있다면, 오히려 위기를 기회로 만들 수 있을 것이다.

여기서 잠깐! 4차 산업혁명이 특정 산업 분야에 한정된 것이므로 로봇이나 IT 등의 분야가 아닌 일반 서비스업, 제조 판매업은 해당되지 않는다고 방심하지는 말자. 4차 산업혁명의 또 다른 특징은 초연결성 Hyper-Connection이다. 초연결성이란 스마트폰으로 언제나 온라인에 접속해 있고 다른 사람들과 실시간으로 의견을 나누는 고객의 특성까지 포함하는 개념이다.

초연결성에 의하면 고객들은 신제품을 구매하는 과정에서 실시간으로 온라인을 통해 정보를 파악하고 구매하므로 좋은 제품의 입소문도 빠르게 퍼지지만 우월한 경쟁 제품이 나타나면 쉽게 마음을 돌린다.

당신이 베개를 제조하고 판매하는 사업을 2대에 걸쳐서 하고 있다

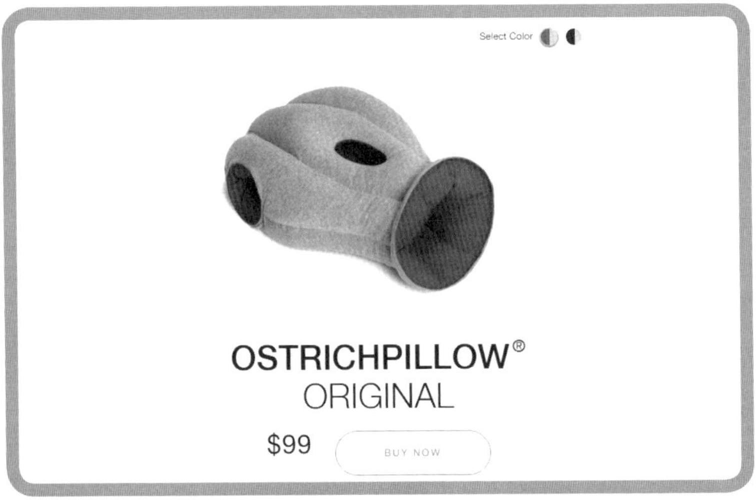

치열한 무한 경쟁 사회에서 편안한 잠을 잘 수 있도록 도와주는 일명 '타조 베개'
출처: 오스트리치필로우 홈페이지

고 가정해보자. 부모님이 이부자리용 베개를 만들고 전통 시장 내 매장에서 판매해왔는데, 당신이 가업에 합류한 다음 여행용 목베개 시장에 진입하면서 신규 매출을 올리고 있었다. 흔한 말로 블루오션Blue Ocean 영역을 찾은 것이다. 그런데 목베개 시장이 커지다 보니 경쟁사들이 우후죽순 생기면서 당신의 브랜드 파워는 약해지고 가격을 낮추면서 오프라인 영업에 의존하게 되었다. 블루오션이 레드오션Red Ocean으로 바뀌어버린 것이다. 이때 당신의 돌파구는 무엇인가?

미국의 오스트리치필로우는 잠수부용 헬멧처럼 생겼으나 빛과 소음이 놀라울 정도로 차단되고 책상에 엎드려 잘 때는 손까지 넣을 수 있는 '타조 베개ostrich pillow'를 출시했다. 심지어 가격도 저렴하지 않다. 무려 10만 원에 가깝다. 이 회사는 망했을까? 아니면 흥했을까?

이 타조 베개는 초연결성 덕분에 SNS를 통해 뛰어난 기능성과 함께 우스꽝스런 디자인을 이유로 사람들 입에 오르내리게 되었다. 그 결과 유명한 국제 브랜드로 자리 잡을 수 있었다.

4차 산업혁명의 초연결성은 당신이 획기적인 변화를 계속 꾀하지 않는 이상 고객이 당신을 더는 기억하지 않고 쉽게 떠나도록 할 것이다. 당신이 전통 제조 판매업을 영위하든 서비스업을 제공하든 말이다. 고객들은 당신 제품이 아닌 경쟁사의 재미있고 가성비 좋은 제품을 구매할 것이며, 결국 나태한 당신의 비즈니스를 위험하게 할 것이다. 반대로 오스트리치필로우처럼 지속적으로 매력 있는 신제품을 출시한다면 고객들은 당신의 혁신성을 인정해 비싼 돈을 지불하더라도 충성 고객이 되어줄 것이다. 자 어떤가. 이제 당신도 고객의 마음을 사로잡기 위해 변화의 필요성을 느끼지 않는가.

2

기술 하나가 산업을 좌우하는 시대? 작은 기업에게는 기회다!

4차 산업혁명의 폭발적이고 정신없이 빠른 변화 속에서도 다행스러운 사실이 하나 있다. 그것은 어떤 신기술이 채택되고 이를 중심으로 시장이 형성되면 그와 유사한 기술이 쉽게 파고들지 못한다는 것이다. 왜냐하면 고객들의 구매 심리 때문이다.

마케팅의 세계적인 권위자인 잭 트라우트Jack Trout와 알 리스Al Ries의 『포지셔닝positioning』(을유문화사, 2006)에 따르면, '고객의 마음속 하나의 영역을 어느 누군가 먼저 선점하면(포지셔닝) 그 영역에 다른 개념이 파고드는 것은 대단히 쉽지 않은' 것이 되며, 결국 고객의 마음속에 어떤 하나의 특징이 선점되는 것이 고객의 구매에 있어 대단히 중요하다.

쉬운 예로 편의점에서 지금 당장 맥주 한잔을 할 겸 과자 한 봉지를 집어 든다고 해보자. 최근 출시된 생소한 과자를 사겠는가? 아니면 짭짤해서 맥주가 잘 넘어가는 익숙한 새우깡을 집어 들겠는가? 고객들은 구매 항목마다 습관적으로 구매하는 브랜드를 하나씩 갖고 있다. 따라서 어떤 제품이나 서비스를 일상적으로 또는 반복적으로 구매할 때는 고민 없이 마음속에 이미 포지셔닝된 제품을 집어 든다. 이러한 포지셔닝은 초연결성에 의해 그 영역의 물건을 최초로 구매하는 과정에서 다른 사람들과 직간접적으로 영향을 받는 결과 생성되는 것이다.

구매 심리는 비단 마케팅에 의해서만이 아니라 신기술에서도 그대로 이어진다. 최근 인터넷 스트리밍 기술이 매우 좋아지고 대용량 데이터를 전송하는 일이 가능해지면서 글자로 된 정보를 동영상으로 청취하는 것이 일반화되었다. 이때 당신이라면 어떤 동영상 서비스를 이용하겠는가? 여러 동영상 서비스가 경쟁하고 있지만, 대세는 유튜브YouTube다.

2005년 미국의 스티브 첸Steve Chen이 설립한 유튜브는 동영상을 인터넷에서 검색할 때 별도 프로그램을 설치하지 않아도 된다. 이런 장점 덕분에 초연결성을 타고 사람들의 입소문으로 폭발적인 인기를 얻게 되었고, 불과 2년 뒤 약 1조 7,000억 원에 매각되었다. 2018년 현재 사람들은 동영상을 검색해보고 싶다면 으레 유튜브에 접속하고 있다. 이렇듯 유튜브는 동영상 시청 서비스에서 일종의 표준으로 자리 잡으며 다른 동영상 서비스를 압도하고 있다.

매일 1억 개의 비디오 조회 수를 기록하는 세계 최대의 동영상 사이트

출처: 유튜브 홈페이지

이처럼 신기술이 사람들의 마음속에 일단 자리 잡게 되면(포지셔닝), 사람들은 검증된 익숙한 기술과 브랜드를 반복적으로 찾게 되고 결국 하나의 대세로 자리매김하게 된다. 이 현상은 신기술에 한정되는 것이 아니라 산업 전반에 걸쳐서 공통으로 발견된다. 시장에서 지배적 입장을 차지했다는 것은 다름 아닌 고객들의 선택을 그만큼 받았다는 말이다. 고객들의 선택을 반복적으로 받는다는 것은 결국 고객들의 마음속에 '가장 나은 신기술 또는 가장 선택할 만한 브랜드'로 포지셔닝 했기 때문이다.

그래서 필자는 신기술을 개발하는 사람들에게 이렇게 들려주고는 한다. "소비자들이 원하는 제품을 개발하고 매력적으로 만들어 그 마음에 자리 잡도록 해야 합니다. 고객의 니즈가 무엇인지 정확이 파악하고 신제품을 만드세요. 그러면 소비자는 여러분이 출시한 제품을 찾을 것입니다. 이처럼 제품의 신기술은 마케팅과 직결됩니다."

그렇다면 과연 어느 정도로 매력 있는 기술이어야 하는가. 고객들에

게 어느 정도로 강하게 인식되어야 시장을 지배할 수 있는가. 해답은 '기존에 존재하던 일반 기술로부터 멀어질수록, 차별화가 클수록' 주목받는다. 블루오션이 가치 있는 것은 레드오션으로부터 멀리 벗어났기 때문이다. 레드오션 가까이에서 변화와 혁신을 제공하는 것보다는 완전히 새로운 룰브레이커Rule-Breaker 역할을 할수록 당신의 기업도 그만큼 고객들의 기억에 쉽게 남을 것이다.

잉크에 펜촉을 찍어서 필기하던 시대라고 가정해보자. 종이에 쉽게 번지지 않는 잉크를 개발하거나, 매끄럽게 써지는 펜촉과 같이 별다를 것 없는 신기술을 만든다 하더라도 폭발적인 인기를 얻을 수는 없다. 차라리 튜브 안에 잉크를 채워 넣고 맨 앞쪽에 펜촉을 끼워 넣어 오랫동안 사용할 수 있고 휴대 보관도 용이한 만년필을 개발한다면, 당신은 기존의 필기구 시장을 뒤엎고 빌 게이츠Bill Gates만큼 유명한 재벌이 될 수도 있을 것이다. 하지만 아쉽게도 만년필을 최초로 개발할 기회를 놓쳤더라도 실망하지는 말자. 당신은 펜촉 대신 볼베어링으로 대체해 소량의 잉크만으로도 오래 쓸 수 있는 '볼펜' 개발자가 되어 빌 게이츠를 뛰어넘는 초갑부가 될 기회가 아직 남아 있다.

혁신을 거쳐 신기술을 개발할 여지는 모든 비즈니스 영역에 남아 있다. 그리고 이러한 신기술로 큰 경쟁력을 갖추게 된다면 당신은 고객들의 마음속에 자리 잡아 업계의 선두 주자가 되어 강소 기업을 넘어 당신 산업의 표준이 될 수 있다. 무엇으로 인해서? 잘 만들어낸 단 하나의 신기술에 의해서!

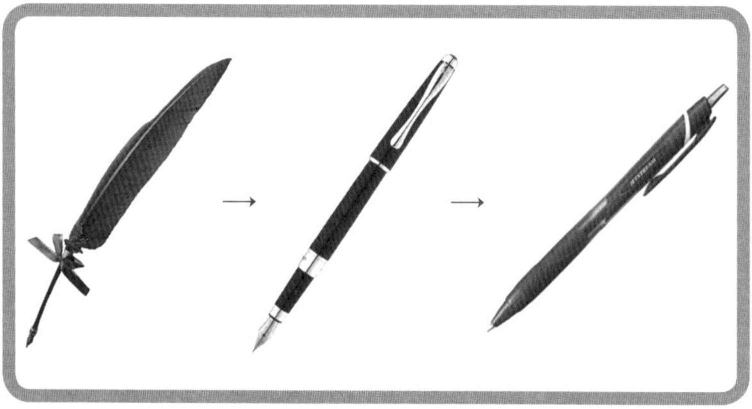
혁신적인 신기술을 개발할수록 당신이 업계의 선두 주자가 될 가능성은 여전히 남아 있다.

4차 산업혁명의 초연결성은 전통적으로 강자의 위치를 차지하고 있는 사람에게는 새로운 경쟁자에게 자리를 빼앗길 수도 있는 위기가 되겠지만, 비즈니스를 시작하는 사람에게는 초연결성의 특성만 잘 활용한다면 기존 시장의 틀을 깨고 시장에 쉽게 안착할 수 있는 좋은 기회다.

인터넷 검색 시장을 살펴보자. 한때 전 세계의 인터넷 포털 시장 절반을 석권했던 야후Yahoo는 2000년도에 강력한 검색 기능을 가지는 구글Google이 등장하자마자 시장에서 밀리더니 결국 10% 이하의 형편없는 점유율을 보이면서 한국 시장에서 철수해버렸다.

기존 시장의 강자였던 야후가 사람들이 원하는 바를 짚어내지 못하고 안일하게 사업을 영위해서 얻은 결과다. 그러나 다른 면에서는 구글이 사람들이 원하는 검색 결과를 기가 막히게 제공한 영향이 더욱

Global Search Market Share

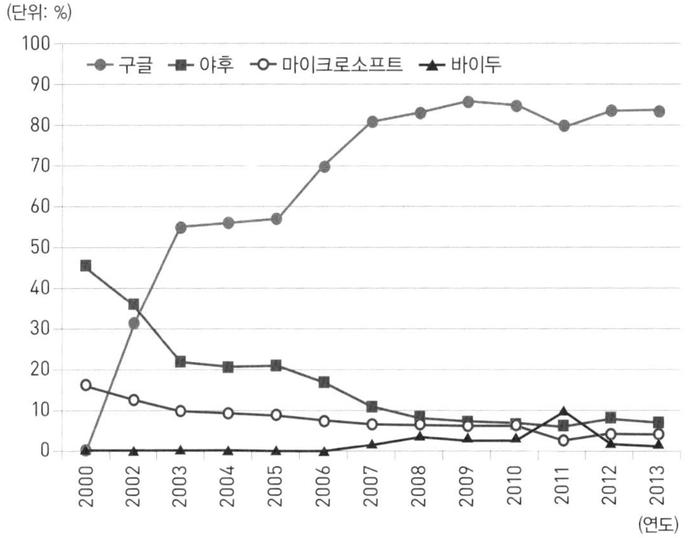

출처: 넷마켓쉐어 홈페이지

크다. 구글을 사용해본 적이 있는가. 깔끔한 시작 화면에 검색 키워드를 입력하면 사람들이 대부분 선호하는 콘텐츠(검색 결과)를 보여주는 검색 엔진을 가지고 있다. 사람들은 '내가 원하던 검색 결과'를 족집게처럼 보여주는 구글을 신뢰하게 되었고 사용자들 간에 장점을 공유하면서 입소문만으로 검색 시장을 석권하게 되었다. 이처럼 4차 산업혁명은 대기업에 비해 실제로 중소기업이나 소규모 스타트업들에게 더욱 좋은 기회가 될 것이다. 그 이유는 다음과 같다.

(1) 투자 규모가 작으므로 리스크가 적다.

대기업의 비즈니스 영역일수록 4차 산업혁명을 위한 변화는 규모가 크고 투자 금액도 상상을 초월하기 마련이다. 4차 산업혁명의 전형적인 예로 들 수 있는 '자율 주행차'만 보더라도 이미 구글에서 수조 원의 비용을 투입하고 있다. 그에 비해 중소기업은 대기업이 개척하는 대규모 사업 중 특정 분야의 특화된 기술에만 집중 투자하면 된다.

자율 주행차 관련 부품을 생산하는 중소기업을 예로 들어보자. '주행 중 차선을 감지하는 센서'에만 집중 투자하면 된다. 투자 금액이 상대적으로 적다면 그만큼 실패의 리스크가 적다는 말이다. 그리고 반복적인 투자가 가능하므로 좋은 성과를 얻어낼 수 있다. 나아가 기술 분야가 세분화될수록 경쟁이 덜 치열하므로 성공적으로 시장에 진입하기 유리해진다.

(2) 변화에 대응할 여유가 있다.

국가, 대기업에 의해 주도되고 있는 4차 산업혁명은 하위 산업에 속한 중소기업에 순차적으로 영향을 끼치고 있다. 중소기업 입장에서 대기업에 의해 특정 분야 개발이 복합적으로 진행되는 추이를 지켜보면 내가 속한 분야가 나아갈 혁신 방향에 대한 힌트를 얻을 수 있다. 시간적으로도 대기업의 변화가 있은 다음에 중소기업에 변화의 순서가 다가오므로 상대적으로 긴 호흡으로 변화에 대응할 수 있다.

(3) 신속한 의사 결정과 신속한 행동이 가능하다.

대기업에 비해 중소기업은 비교적 의사 결정 과정이 단순하다. 중소기업은 대표자의 결단에 따라 신속한 의사 결정과 투자를 진행할 수 있다. 4차 산업혁명 시대에 중소기업이나 스타트업일수록 다양한 변화를 시도해보면서 그만큼 높은 경쟁력을 확보할 수 있으니, 작은 기업이 현 상황에서 상대적으로 좋은 결과를 낼 수 있는 비결이 된다.

(4) 후발 업체와의 격차를 순식간에 벌려놓을 수 있다.

4차 산업혁명은 필수적으로 혁신을 필요로 하며, 그 결과로 만들어지는 새로운 기술들은 지식재산권으로 보호된다. 대기업은 큰 개념에서의 특허를 얻을 수 있고 작은 기업은 취급하는 제품의 특화된 특허를 얻을 수 있다. 그런데 세분화된 기술 분야의 특허는 그 전문성으로 인해 경쟁되는 특허가 상대적으로 적기 마련이다. 따라서 특허의 힘이 상대적으로 강하므로 후발 업체가 진입하는 것을 강하게 제지하는 효과가 생긴다. 나아가 특정 분야의 획기적인 제품은 시장에서 고객들의 뇌리에 강하게 남으므로 포지셔닝 효과가 그만큼 강력해 후발 주자와의 격차를 순식간에 벌려놓게 한다.

결국 이 이유들로 인해 4차 산업혁명 시대에 성공한 구글, 유튜브, 페이스북Facebook 등의 사례들은 대부분 스타트업인 경우가 많았고 성장의 폭도 높았다. 여기서 말하는 스타트업은 설립한 지 오래되지 않은 신생 벤처 기업을 뜻하며, 미국 실리콘밸리에서 생겨난 용어다. 혁신적 기술과 아이디어를 보유한 설립된 지 얼마 되지 않은 창업 기업으로, 보통 고위험·고성장·고수익 가능성을 지닌 기술·인터넷 기반의 회사를 지칭한다.

당신이 어느 정도 안정적으로 자리를 잡은 업계의 기득권이라면 4차 산업혁명의 변화가 두려울 수도 있겠지만, 기회를 차지하고 싶어 하는 입장이라면 오히려 4차 산업혁명을 제대로 활용함으로써 영웅으로 떠오를 수도 있다는 점을 기억하라.

위기를 기회로 만들어라. 4차 산업혁명을 관통하는 지금의 4.0시대는 같은 선상에서 경쟁하는 모든 이에게 똑같이 불안감과 위기감을 불러일으킨다. 하지만 이 기회에 당신이 선두에서 하나의 혁신으로 변화의 바람을 일으켜봐라. 당신이 고객의 니즈를 충족할 만한 신제품과 서비스를 개발한다면, 경쟁사들보다 앞서 고객들에게 관심받고 공유되면서 단숨에 시장에서 1위 기업으로 올라설 수 있을 것이다.

3

지식재산권이 더욱 중요해지는 이유

4차 산업혁명이 부담스러운 이유 중 하나는 신기술이 대성공하고 자리를 잡았다고 생각하는 순간 이를 대체하거나 호시탐탐 그 자리를 노리는 경쟁자가 계속 생겨난다는 데 있다. 기술의 속도가 빠르고 산업 간 경계가 무너지면서 신기술의 조합을 꾸준히 제안하기 때문이다. 나아가 초연결성의 특성상 어떤 제품이 잘 팔리는지 쉽게 모니터링할 수 있을 뿐 아니라 제작 과정 정보도 손쉽게 손에 넣을 수 있다. 제품 제작 방식도 모듈화되면서 도움을 줄 업체를 금세 섭외할 수도 있다. 결국 적은 노력과 소비용으로 모방을 쉽게 할 수 있는 시대가 된 것이다.

중국의 샤오미Xiaomi는 보조 배터리나 블루투스 스피커 등의 IT 액세서리 제품을 가격 대비 좋은 성능을 탑재해 출시하는 것으로 유명

시장에서 성공한 제품이나 신기술을 모방하여 출시하는 '패스트 팔로어 전략'
출처: 애플, 샤오미 홈페이지

하지만, 원래는 아이폰iPhone을 만든 애플apple을 철저하게 모방하는 것으로 시작했다. 즉 애플에서 새로운 스마트폰 개념으로 아이폰을 출시해 전 세계적인 히트를 기록하자, 샤오미에서는 놀라우리만치 저렴하면서도 아이폰과 흡사한 Mi 제품을 출시해 공전의 히트를 기록하며 회사를 한 단계 끌어올렸다.

샤오미가 저렴하고 성능 좋은 Mi 제품을 만든 비결은 무엇일까? 사용자로부터 주문을 먼저 받아 초도 물량을 예상해 저렴하게 부품을 구매한 것과, OEM 방식으로 스마트 공장에서 생산한 데 있다. 이것이 바로 4차 산업혁명의 한 모습임을 기억해두자.

자, 그렇다면 애플의 아이폰은 샤오미의 Mi 제품으로 인해 시장을 잠식당하고 역사의 뒤안길로 물러섰을까? 아니다. 우리 모두가 정답을 알고 있다시피 아이폰은 여전히 건재하다. 샤오미의 Mi 제품은 중국을 제외하고 그다지 시장에서 빛을 보지 못하고 있다.

이유는 바로 지식재산권에 있다. 지식재산권Intellectual Property Right은 사람이 공들여 만들어낸 신기술, 디자인, 브랜드 등을 다른 사람이 함부로 모방하지 못하도록 특허권特許權, patent 디자인권, 상표권으로 막아주는 제도다. 샤오미의 Mi 제품은 애플이 보유한 다양한 지식재산권의 장벽을 넘지 못하고 모방품의 한계를 드러내면서 시장을 확장하는 데 실패했다. 실제로 샤오미는 Mi 제품을 세계 여러 나라에 수출하려 시도했으나 국가마다 매번 특허 침해 소송을 당하면서 거액의 배상금을 물어주어야 하는 처지에 처하게 되었다. 그제야 자체 기술을 개발하겠다고 모방 정책을 거두어들였지만, 안타깝게도 모방 정책을 버리는 순간 스마트폰 시장에서의 '경쟁력'을 상실하고 말았다. 이후 스마트폰이 아닌 IT 액세서리 위주로 제품을 출시하고 있는 실정이다.

비즈니스를 영위하는 입장에서 좋든 싫든 위로는 따라잡아야 할 선발 기업이 있기 마련이고 밑으로는 나를 따라오는 후발 기업이 있기 마련이다. 이때 선발 기업을 따라가는 후발 기업의 입장에서 채택하기 가장 쉬운 경영방식은 패스트 팔로어Fast Follower 전략이다. 이는 선발 기업에서 새로이 내놓는 기술이나 제품을 신속하게 분석해 비슷하지만 더욱 저렴하게 모방하는 전략이다.

그런데 만일 후발 기업들이 무턱대고 선발 기업의 신기술과 디자인과 브랜드를 베끼는 전략만 사용한다면 그 경쟁 시장은 어떻게 될까? 선발 기업은 새로운 기술과 디자인을 만들거나 브랜드를 유지하기 위한 투자를 해야 할 필요성을 느끼지 못할 것이다. 굳이 새로운 것을 만

샤오미小米 를 유사하게 베낀 '따미大米'. 2017년 9월, 샤오미의 브랜드명과 유사한 업체가 란미蓝米, 수미粟米, 즈미紫米, 홍미红米 등 20여 곳에 달해 골머리를 썩고 있다.

출처: 따미 홈페이지

들어봐야 어차피 금방 모방당하고 뺏길 것이니 차라리 투자비를 아껴서 원가 절감을 위한 대량 생산 설비를 늘리는 게 낫다고 판단할 수도 있다.

지식재산권은 과도한 모방을 방지해 선발 기업이 힘들여 만든 신기술과 디자인과 브랜드를 일정한 조건하에서 독점 판매할 수 있도록 보호해줌으로써 후발 주자와 공정하게 경쟁하도록 만드는 제도다. 국가가 인정하는 울타리 안에서 선발 주자의 노력이 보호됨으로써 기업은 지속적인 투자의 의지를 갖게 되고 4차 산업혁명은 계속 탄력을 받을 수 있게 된다.

과연 후발 기업 입장에서 지식재산권이 성장을 제한하는 나쁜 제도일까? 샤오미는 애플을 모방히는 과정에서 쉽게 스마트폰 시장의 일부를 차지할 수 있었지만 그 기쁨은 오래가지 못했다. 왜냐하면 샤오미의 정책을 그대로 모방하는 새로운 후발 업체가 생겨났기 때문이다. 샤오미小米: '작은 쌀'이라는 의미와 회사 이름조차 비슷한 따미大米: '큰 쌀'이라는 의미에서 샤오미를 카피한 폰을 출시하자, 다급해진 샤오미는 지식재산권 운운하면서 모방 제품을 차단하겠다고 공식 방침을 정했다.

한때는 애플의 모방이 문제되자 지식재산권을 무시하는 입장에 있었던 샤오미가 이제는 입장이 바뀌어 지식재산권에 의지해 따미를 비난하는 것을 본 대중들의 시선이 곱지만은 않다. 하지만 샤오미는 따미라는 후발 기업이 등장하자 선발 기업의 입장에서 후발 기업을 막아내는 입장으로 바뀌게 되었다. 이처럼 모든 비즈니스 업계에는 상대적으로 선발 기업에 이어서 후발 기업들이 계속 등장하기 마련이다. 그렇다면 중간에 있는 기업 입장에서는 선발 기업과의 관계에서는 모방을 못하게 하는 지식재산권이 야속할 수도 있지만, 입장이 바뀌어 후발 기업과의 관계에서는 나를 모방하는 것을 막아주는 지식재산권이 고마울 수도 있다.

이러한 사례들을 보았을 때 4차 산업혁명의 변화무쌍한 변화가 당연한 본질이라 할 수도 있다. 그렇지만 핵심 경쟁력을 보유한 회사 측에서는 지식재산권에 힘입어 경쟁으로부터 보호되고 안정적인 이익을 유지할 수 있어 지식재산권의 중요도가 더 높아지고 있다.

결국 지식재산권은 보호할 만한 가치가 있는 신기술, 디자인, 브랜드를 경쟁 기업들 간에 모방하지 않도록 지켜주는 공정한 심판의 역할을 하는 것이다. 따라서 획기적인 것을 만들어 4차 산업혁명에 충실하게 준비하는 기업 입장에서는 지식재산권을 중요 전략 자산으로 활용하는 것이 중요하다.

4

잘 관리한 특허 하나가 평생 비즈니스를 책임진다

4차 산업혁명의 파도를 제대로 활용한 기업은 성공의 순풍을 타고 승승장구해 적어도 지식재산권이 보호되는 수십 년의 시간 동안에는 느긋이 성공의 기쁨을 만끽할 수 있을 것이다.

되짚어보자. 4차 산업혁명은 기존의 안정적이고 보수적이던 산업의 패러다임을 순식간에 바꾸면서 산업의 종류와 크기를 막론하고 혁신을 요구하고 있다. 4차 산업혁명은 특히 IT 기술의 발전과 초연결성의 특성에 의해 다양한 분야에서 뜨겁게 불타오르고 있는 현재 진행형이며, 이는 대기업에 이어서 중소기업과 스타트업에도 분명 영향을 끼칠 것이다.

4차 산업혁명의 여파는 대규모 공장 설비로 상징되는 제조 산업에만 한정되는 것이 아니라, 초연결성에 의해 고객들이 제품이나 서비스에 다양한 의견을 내고 공유하게 되면서 소규모 제조업이나 서비스업까지 영향을 끼칠 것이다.

이렇게 산업계가 출렁이면 새로운 변화에 따른 각종 요구가 생겨나기 마련이다. 특히 작은 기업들에게 톡톡 튀는 아이디어만으로도 시장에서 관심을 받고 신흥 강자로 떠오를 기회가 생긴다. 놀라운 신기술과 디자인 또는 혁신으로 무장한 신흥 스타트업은 고객의 입소문만으로도 제품이 날개 돋친 듯 팔리고 높은 기업 가치를 인정받을 수 있게 된다. 레드오션에서 출혈을 감수하며 피 흘리는 경쟁을 하던 기존의 중소기업들에게도 고객이 열광하는 신제품을 출시해 쉽게 블루오션을 만들어 경쟁사들과의 격차를 벌릴 수 있는 기회가 되어준다.

나아가 신기술과 디자인과 브랜드는 지식재산권이라는 무기이자 방패이자 전략 자산으로 보호받음으로써, 감히 경쟁사가 나를 모방해 시장을 잠식하지 못하도록 한다.

혁신과 변화를 추구할 수만 있다면 4차 산업혁명은 오히려 나에게 기회인 것이다! 실제로 4차 산업혁명 시대에 고객이 원하는 신기술을 개발해 특허로 보호받음으로써 성공한 사례는 우리 주변에 놀라울 만큼 이미 충분하다.

필자와의 상담을 거쳐 2010년 11월에 특허 등록을 받게 된 록앤올㈜Locnall Inc.은 당시 생소한 '지도 정보'를 무기로 막 태어난 신생 스타트업이었다. 지도 정보 관련 기업에서 근무하던 2인의 대표들은, 향후 지도

내비게이션 앱 '김기사(카카오내비)'는 틈새 시장을 개척하여 대기업이 가득한 '대로 상권'에서 성공했다.

정보가 빅 데이터의 일종으로 값어치 있게 활용될 것으로 내다봤다. 이 확신을 바탕으로 록앤올㈜을 창업하고 '김기사' 서비스를 개발해 출시했다. '록앤올'이라는 회사명은 위치 정보Location와 관련된& 모든 것ALL을 로큰롤rock'n'roll 음악처럼 즐겁고 행복하게 만드는 기업이라는 뜻을 담고 있다.

당시 내비게이션 시장은 포화 상태였고 대부분의 제품은 차량 내에 고정해 사용했다. 게다가 수십만 원가량의 돈을 지불해야 했으며, 그나마 가격 경쟁으로 인해 판매 마진도 높지 않은 전형적인 레드오션 시장이었다.

이때 출시된 '김기사' 서비스는 그야말로 획기적이었다. 별도로 돈을 주고 구매해야 하는 것이 아니었다! 앱 스토어app store에서 본인 스마트폰에 무료로 다운로드하면 제한 없이 무료로 사용할 수 있는 애플리케이션 형태였다. 한마디로 다른 내비게이션 제품과 차별되었으며, 스마트폰에서 구동되니 차량을 운전하지 않아도 사용할 수 있었다. 심지어 이동 중이 아니어도 '여기서 저기까지 가는데 시간이 얼마나 걸릴까?' 하는 단순한 궁금증을 해결할 수 있었다. 그야말로 '내 손안의 내비게이션'으로 최적의 기능을 하는 내비게이션 서비스였다.

사용자가 긴급할 때 목적지를 쉽게 검색할 수 있는 환경을 제공하는 '김기사'는 한 번 검색한 곳은 벌집 모양 아이콘으로 자동 생성된다. 이 아이콘은 상대적인 거리와 방향에 따라 2차원적으로 자동 정렬된다. 사용자는 내가 검색한 곳들로 자동으로 즐겨찾기 검색 화면을 제공받게 되므로 다음에 같은 곳을 방문할 때 직관적인 선택 한 번만으로 내비게이션을 시작할 수 있게 되었다.

'벌집 즐겨찾기'라 불리는 이 직관적인 인터페이스는 '김기사' 서비스에 날개를 달아주었다. 스마트폰에서 구동되는데다가 입체적인 즐겨찾기를 자동 생성하니 나중에 동일한 장소를 찾을 때 쉽게 내비게이션을 시작할 수 있다는 장점은 폭발적인 사용자 증가를 불러왔다. 물론 이 점은 특허청에서도 독특한 특징을 인정받아 특허 등록이 가능했다.

특허 등록에 사용된 '벌집 모양의 UI(사용자 인터페이스)' 이미지

그러면 2018년의 내비게이션 시장을 한번 둘러보자. 자동차를 제작할 때 내비게이션을 장착해 출시하는 경우라면 모를까, 별도로 수십만 원을 들여 내비게이션을 장착하는 사람을 거의 찾아볼 수 없다. 대부분의 사람들은 스마트폰에 내비게이션 애플리케이션

카카오내비는 김기사의 벌집형 UI, 크라우드 소싱 방식의 교통 정보 수집 등 기존 김기사의 내비게이션 기술과 카카오의 노하우가 결합됐다.

출처: 카카오 홈페이지

을 설치해 자동차에 타기도 전에 목적지까지의 시간과 최단 경로를 확인하고, 자동차에 타는 순간 스마트폰을 거치대에 올려놓는 것만으로 쉽게 길을 안내받는다.

'김기사' 서비스를 개발한 록앤올㈜은 사용자가 1,000만 명에 이르던 2015년 카카오사에 626억 원이라는 놀라운 금액에 인수되었고, '카카오내비'로 명칭을 변경했다.

'김기사'는 제품 형태의 내비게이션 레드오션에서 벗어나 스마트폰 애플리케이션 내비게이션 서비스라는 블루오션을 구축했을 뿐 아니라, 획기적인 '벌집 즐겨찾기' 신기술 하나로 스마트폰 애플리케이션 내비게이션 서비스의 1위 자리를 차지하고 있다. 사용자들은 '카카오내비' 서비스의 다른 장점들에 더해 '벌집 즐겨찾기'만으로도 매력을 느끼므로 굳이 다른 내비 서비스로 바꿀 생각을 안 하기 때문이다.

이 사례는 스마트폰과 빅 데이터로 촉발된 지도 정보 분야의 4차 산업혁명에 힘입어 기존의 내비게이션 제품의 레드오션에서 작은 스타트업이 주목받을 기회가 생기게 되었고, 나아가 고객이 원하는 신기술 하나로 입소문이라는 초연결성에 힘입어 안정적으로 새로운 시장을 만들며 정착할 수 있었음을 보여준다. 더욱이 고객이 유용하다고 느끼는 '벌집 즐겨찾기' 신기술은 잘 관리된 특허권으로 인해 후발 경쟁 서비스들이 모방할 수 없게 됨으로써 1위 자리의 경쟁력은 여전히 유지되고 있다.

어떤가. 4차 산업혁명이 아직도 막연한 불안함의 대상인가. '김기사' 사례는 4차 산업혁명 시대에 신생 스타트업이 어떻게 기회를 활용해 가치를 인정받고 특허를 활용해 시장 1위의 강자 자리를 유지할 수 있는가를 잘 보여준다. 이제 여러분도 4차 산업혁명 시대를 잘 활용해 경쟁사를 압도적으로 누르고 1위 강자 자리를 차지할 수 있다.

당신이라면 변화를 두려워 침몰할 것인가. 변화와 혁신으로 무장하고 오히려 날개를 달아 승승장구할 것인가. 선택은 자명하다.

2장

4.0시대에는 4.0버전의 신기술 비즈니스가 필요하다

1

스타트업을 시작하면서 반드시 만나야 하는 사람들: 당신이 보통의 변리사를 만나면 실패하는 이유

"그래 바로 이거야!"

평소 아이디어를 떠올리는 것을 좋아하던 당신은 4차 산업혁명의 바람을 타고 날개를 달아줄 신기술 아이디어를 떠올리게 되었다. 나 혼자만의 생각이 아니라 주변 사람들에게 물어보아도 공감하던 문제였고 내 아이디어가 제품화되면 돈을 기꺼이 지불하고 구매하고 싶다는 긍정적인 피드백이 돌아왔다. 이제부터 진짜 시작이다.

당신은 이 신기술 아이디어를 직접 사업화하고 싶어 한다. 다행히 전공과 경력도 아이디어 사업화에 연관되다 보니 그간의 지식과 경험을 바탕으로 혼자 사업화를 추진할 수 있을 것 같다. 일단 주변 사람들 모르게 혼자만의 시간을 투자해 기초 준비를 하다가 어느 정도 무르익었다 싶으면 가족들에게 양해를 구하고 회사를 차릴 예정이다.

하지만 당신이 스타트업을 시작하고 싶다고 비즈니스가 곧바로 시작되는 것은 아니다. 당신이 가장 먼저 해야 할 일은 여기저기 발품을 팔면서 사업화에 무엇이 필요한지 어떤 순서로 시작해야 하는지 정보를 얻는 것이다. 가장 가깝게는 테크노파크Technopark 같은 창업지원센터를 방문해보고 원스톱으로 창업에 관한 정보를 얻을 수도 있다.

당신이 스타트업을 준비하는 과정에서 반드시 만나야 하는 사람들이 있다. 비즈니스를 시작하면 다양한 장벽과 숙제들을 마주치게 되는데, 상당 부분은 해결할 수 있더라도 때로 어떤 전문적인 문제들은 직접 해결하기에는 어렵고 위험하다. 법률과 세무와 지식재산권에 관한 문제가 대표적이다. 전문 분야에 속하는 이 문제는 생각보다 심하게 당신을 괴롭힐 수 있지만 의외로 전문가의 간단한 조언을 통해 해결될 수도 있다. 그러니 법률과 세무와 지식재산권에 대해 조언을 구할 수 있는 변호사와 세무사와 변리사를 알아둠으로써 비즈니스를 안정적으로 성장시켜야 한다.

하지만 전문가의 자격을 가지고 있다고 무조건 신뢰할 수 있는 것은 아니다. 아무리 전문 자격사라 하더라도 돈을 벌어 먹고살아야 하는 입장이다. 그런데 당신이 만난 전문 자격사가 하필이면 당신의 지갑에만 관심을 쏟는다면 진정으로 당신에게 필요한 해답 대신 엉뚱한 방향으로 이끌 수도 있다.

예를 들어 당신이 떠올린 신기술 아이디어에 대해 전문가의 의견도

들어볼 겸, 보호를 위한 안전장치로서 특허도 상의할 겸 변리사와 상담을 희망한다고 해보자. 평소에 친하게 알고 지내던 변리사가 있다면 다행이지만, 그렇지 않다면 인터넷 검색을 통해 믿을 만해 보이는 변리사를 찾아서 상담을 하게 될 것이다.

"좋은 아이디어군요. 특허 등록이 가능할 것 같습니다." 이 말을 덜컥 믿고 당신은 변리사에게 비용을 지급했고, 얼마간의 시간이 지나 특허 등록을 받고서야 안도를 하면서 가족과 친구들과 직원들에게 이렇게 얘기한다. "변리사로부터 인정받고 특허 등록까지 된 이 아이디어를 실제 사업화하겠습니다." 그러면 주변에서는 이렇게 아우성이다. "특허와는 별개로 실제 사업성이 있을지는 확인해봐야 하지 않을까요?"

하지만 당신은 확신도 있거니와 변리사가 얘기한 '좋은 아이디어'라는 답변에 자신감을 갖고 큰돈을 들여 사업화를 밀어붙인다. 당신이 변리사를 믿고 큰돈을 들여 사업화까지 추진한 아이디어 제품은 바로 이것이다.

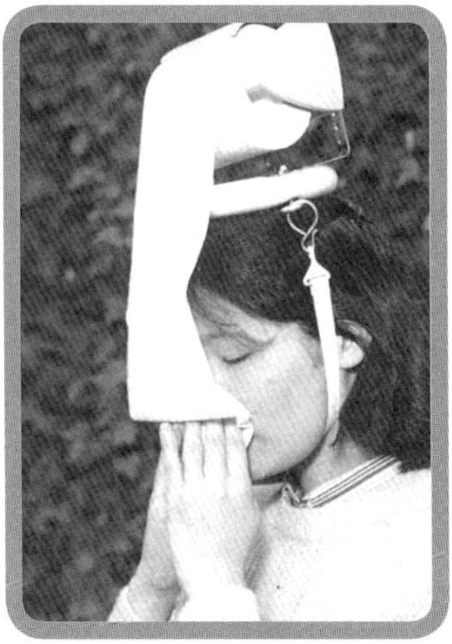

비염이 있는 당신을 위한 머리에 쓰는 두루마리 화장지

출처: 『101가지 쓸모없지 않은 발명품들』

평소 비염이 있는 당신은 머리에 두루마리 화장지를 얹고 다니면서 필요할 때마다 쉽게 끊어서 사용할 수 있다는 아이디어를 제공한 것이고, 특허청에서도 독특하다고 판단해 특허까지 인정해준 것이다. 이 신제품은 과연 히트를 치고서 사업적 성공을 거두었을까?

상식적으로 이 제품을 사용하고 싶어 할 사람은 없을 것이다. 더군다나 돈을 지불하고 이 제품을 구매할 사람은. 따라서 이 제품을 공들여 개발해 시장에 출시한 당신은 소비자들로부터 외면받아 큰 손실을 볼 것이고, 경쟁사들로부터 조롱을 당하고 말 것이다.

당신은 하는 수 없이 씩씩거리면서 변리사를 찾아가 따져본다.

"당신이 좋은 아이디어라고 해서 큰돈을 들여 제품까지 출시했는데 어떻게 된 겁니까?"

그러면 변리사는 이렇게 얘기할 것이다.

"저는 특허 전문가입니다. 말씀드린 좋고 나쁜 아이디어의 판단은 '특허 가능성'을 기준으로 한 것이고 특허 등록까지 무사히 되지 않았습니까? 그러니 좋은 아이디어라는 제 답변은 틀리지 않았습니다."

예로 든 제품은 실제로 일본에서 출시되었으나 흥행에 실패했다. 이 제품은 급기야 『101가지 쓸모없지 않은 발명품들101 UNuseless INVENTIONS』이라는 책에까지 수록되어 조롱거리로 전락했다.

물론 당신이 실제로 이런 어처구니없는 제품을 개발해 상품화하지는 않겠지만 실제로 많은 아이디어 사업화 사례에서 사람들은 이와 비슷하게 변리사의 의견을 과도하게 신뢰하고 잘못된 사업화의 길을 들어서기도 한다.

변리사는 특허 등록을 받는 과정을 전문 수행하는 대리인이다. 마치 좋은 번역가가 한국어로 잘 쓰인 소설을 영어로 맛깔스럽게 번역하는 것과 같이, 아이디어 신기술의 좋은 가치를 유지하면서 특허청이 요구하는 다른 언어로 바꿔주는 역할을 한다. 그래서 보통의 변리사의 관심은 '이 신기술 아이디어를 어떻게 하면 좋은 특허로 보호받게 할 것인가'에 있다.

평소 필요하다고 생각은 하지만 쓸모 있어 보이지 않는 발명품들을 다루었다.
출처: 『101가지 쓸모없지 않은 발명품들』

보통의 변리사에게 '이 아이디어가 사업화에 성공할 수 있을까?'에 대한 답변을 기대하는 것은 어쩌면 타당하지 않을 수도 있다. 문제는 누가 보아도 사업화에 성공할 수 있을 것 같지 않은 아이디어에도 솔직한 의견을 전달하지 않고 무리하게 '특허 등록'이라는 기준으로만 답변을 함으로써 고객으로 하여금 착각하도록 하는 경우가 있다는 것이다. 보통의 변리사들이 하는 이야기를 모두 믿어서는 안 된다. 변리사들이 하는 "정말 좋은 아이디어군요"라는 말은 어디까지나 '특허 등록이 가능할 것'이라는 정도의 말을 듣기 좋게 한 것에 불과하다.

만일 당신이 신기술 아이디어를 가지고 비즈니스의 성공을 꿈꾸고 있다면 보통의 변리사와는 다른 방식으로 변리사를 활용해야 한다. 이제부터 4차 산업혁명 시대에 필요한 4.0 신기술은 어떤 것이고 어떻게 해야 당신의 비즈니스에 날개를 달 수 있는지 알아보자.

2

돈이 되는 아이디어만 골라서 사업화하라

Ⓐ는 플립형 휴대폰에 관한 아이디어를 가지고 있다.

Ⓑ는 폴더형 휴대폰에 관한 아이디어를 가지고 있다.

Ⓒ는 스마트폰 휴대폰에 관한 아이디어를 가지고 있다.

이 셋 중에서 과연 누구의 아이디어가 좋은 아이디어일까?

전문가들 사이에는 '기술 수명 주기'라는 개념이 있다. 주로 해당 기술의 금전적 가치가 얼마나 되는가를 판단하는 과정에서 검토되는 사항이다. 쉽게 풀어서 말하면 '얼마나 핫hot한 기술인가'에 대한 대답이라 할 수 있다.

우리 모두는 핸드폰을 사용해본 경험이 있다. 플립형 휴대폰은

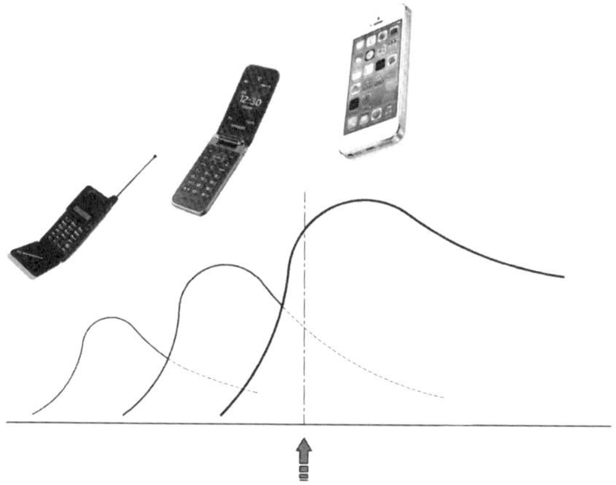

'기술 수명 주기'는 새로운 기술에 의해 종래의 기술이 대체되어가는 모습으로 제품의 수명 주기와 유사한 개념이다.

15년 전에나 쓰이던 아주 오래된 기술로, 이제는 거의 사용되지 않는다. 폴더형 휴대폰은 효도폰 정도로 판매되고 있지만 수요는 그리 많지 않다. 대세는 넓은 대화면을 장착한 스마트폰이다. 이제 막 꽃이 피어서 만개한 기술에 해당된다. 이처럼 시장에서 그 기술이 언제 시작되어 어느 정도의 미래 가치를 가졌는가를 판단하는 개념이 바로 '기술 수명 주기'이며, 그래프로 표현하면 위와 같다.

각각의 아이디어 기술이 특허 획득이 가능하더라도 실제 그 특허에 담긴 신기술의 비즈니스로서 가치는 천차만별로 다른 탓에 플립형 휴대폰이나 폴더형 휴대폰은 특허로 보호받을 필요가 그다지 높지 않다. 그래서 신기술은 특허를 넘어 비즈니스적인 측면에서 가치가 있을 때만 특허로서 보호를 하는 것이 더욱 중요하다.

당신이 중요하게 여겨야 하는 것도 바로 '비즈니스적인 관점에서 특허의 필요성'이다. 필자가 만나본 많은 분이 오해하는 막연한 기대 중 하나가 바로 '특허를 가지고 있으면 어떻게든 돈이 되지 않을까?'다. 절대로 그렇지 않다. 특허는 비즈니스가 발전하는 과정에서 나아가야 할 일종의 중요 지점에 대해 독점 보호를 받음으로써, 그 기술이 실제 사용되는 과정에서 일종의 통행료를 받는 식으로 활용된다.

특허는 잘 팔리는 신기술을 경쟁으로부터 지켜냄으로써 돈을 만드는 수단이다. 잘 팔리지 않는다면 경쟁이 있을 리 없으므로 돈을 만들어낼 수 없다.

당신이 사막 한곳에 정착해 다른 침략자로부터 스스로를 보호하기 위해 성을 쌓는다고 가정해보자. 모래사막 한가운데는 아무도 접근하려 하지 않으므로 굳이 특허라는 성을 쌓을 필요가 없다. 대신 사막 한가운데 오아시스에 성을 쌓는다면 목마른 여행자에게 물과 숙식을 제공하면서 큰 부를 축적할 수 있을 것이다. 이것이 바로 특허라는 성을 쌓을 때 '그 아이디어가 오아시스처럼 가치가 있는지' 여부를 확인해야 하는 이유다.

그러면 과연 어떤 아이디어가 돈이 되는가?

냉전 시대에 미국과 소련은 경쟁적으로 우주를 개발하는 데 천문학적인 비용을 투입하며 자존심 싸움을 했다. 그 결과 소련은 세계 최초

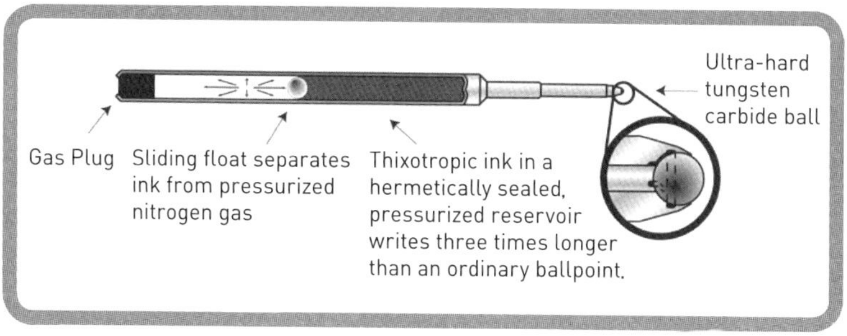

이 펜은 피셔사의 창립자인 폴 C. 피셔가 1966년 우주에서도 사용할 수 있도록 개발해 실제 아폴로 미션에 사용되었던 반중력 모델을 본떠 만들었다.

출처: 피셔스페이스펜 홈페이지

로 유리 가가린Yurii Gagarin이라는 우주인이 우주를 비행했고, 급기야 미국은 아폴로 11호를 통해 달나라에까지 사람을 보냈다. 그 과정에서 미국은 볼펜이 우주에서 써지지 않는다는 것을 알게 되었다. 중력에 의해 잉크가 바닥으로 흘러나오는 원리를 가진 볼펜은 우주에 중력이 없어 써지지 않았다. 그래서 미국은 천문학적인 비용을 들여 '우주에서 사용할 수 있는 볼펜'을 개발해냈다.

이 우주 볼펜은 중력을 대신해서 강제로 잉크를 볼펜 앞으로 배출해내는 복잡한 구조로 이루어져 있다. 일설에 의하면 미국은 소련에 공들여 개발한 우주 볼펜을 자랑했는데, 소련에서는 이런 말로 미국을 민망하게 했다고 한다.

"연필로 쓰면 될 걸, 왜 굳이 그런 걸 만들었담?"

이 일화에 나오는 우주 볼펜을 당신이 만들었다고 가정해보자. 미국 항공우주국National Aeronautics and Space Administration, NASA의 의뢰를 받아 개발한 것이 아니라 당신이 우주에 관심이 많았던 터라 혼자 비용을 대고 직접 만들었다. 과연 이 우주 볼펜을 만들어낸 것은 잘한 일일까?

신기술 아이디어가 성공적인 비즈니스를 위한 것이어야 한다는 말은 궁극적으로 '돈이 되는 것'이라는 의미다. 신기술 아이디어가 '돈이 되는가?'의 기준은 그 제품이 시장에 출시되었을 때 얼마나 많은 고객이 해당 제품을 구매할 것인가에서 찾아야 한다. 아무리 전문가들이 좋은 평가를 내려도 시장에서 잘 팔리지 않아 금세 단종되면 망한 제품이다. 반대로 아무리 악평을 받더라도 시장에서 날개 돋친 듯 팔린다면 성공한 제품이다. 결국 '소비자의 구매'를 기준으로 성공 가능성을 판단해야 한다.

아이디어가 돈이 되는 여부를 결정하는 것은 크게 다음 3가지 변수다.

(1) 시장적 변수

우주 볼펜을 NASA에서 구매하지 않는다면 어디에 써먹을 수 있을까? 우주 볼펜을 구매할 고객층이 얇고 시장이 한정되어 있다면 '소비자의 구매' 자체가 이뤄지지 않아서 우주 볼펜은 망할 것이다. 마찬가지로 머리에 얹어서 사용하는 두루마리 화장지도 소비자가 선뜻 구매를 하지 않을 것이므로 시장 자체가 형성되지 않아서 판매조차 되지 않는다. 결국 돈이 되는 아이디어는 시장이 충분한 규모로 형성되어 있는 상품 분야에서 개발해야만 한다.

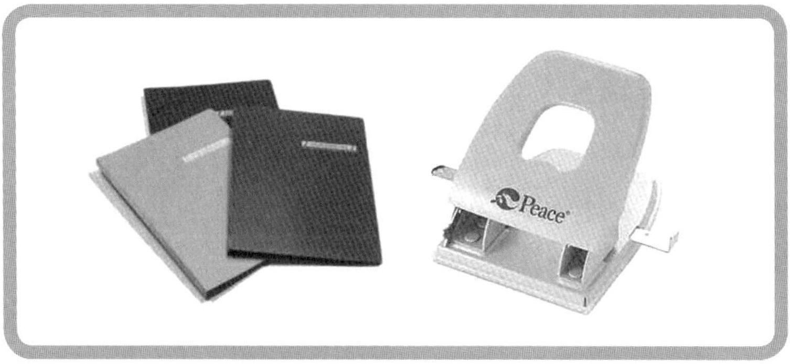

시중에 판매되는 클리어 파일과 2공 펀칭

(2) 경쟁적 변수

우주 볼펜을 기껏 개발했는데 '연필'이라는 강한 경쟁자가 있다면 그나마 조금이라도 있는 시장을 빼앗길 것이다. 고객들은 동일 시장 내에서 경쟁하는 제품을 비교하고 나서 가장 효율적이고 저렴한 상품을 선택한다. 따라서 당신의 신기술도 경쟁하는 다른 기술에 비교해 효율적이고 저렴하고 효과도 월등해야만 고객의 선택을 받아서 더욱 잘 팔리게 될 것이다.

필자가 만난 사례를 소개하겠다. 어느 날 문구 용품을 제조하던 회사의 대표가 신제품 아이디어를 특허 상담하러 발걸음했다. '클리어 파일에 구멍을 반듯하게 뚫는 펀칭이 일체로 형성된' 이 아이디어는 저렴한 클리어 파일에 적용하기에는 상대적으로 구조가 꽤 복잡했다.

필자는 사무실에서 사용하는 2공 펀칭을 보여주면서 이렇게 조언했다. "서류철을 해야 하는 입장이라면 그냥 이런 2공 펀칭을 쓰는 것이 번거롭더라도 저렴하거니와 다음에 또 사용할 수 있어서 더 좋을 것 같아요."

이처럼 신기술 아이디어 자체가 '필요해 보인다' 하더라도 이를 대체할 만한 손쉬운 대안이 있다면 결국 고객의 선택을 받아 지갑을 열도록 하는 데는 실패하고 말 것이다. 그러므로 신기술 아이디어를 개발하는 과정에서는 '다른 경쟁 기술이 없는가?'에 대한 의논이 충분히 이뤄져야 한다.

(3) 주관적 변수

한편 똑같은 아이디어라도 누가 사업화를 진행하느냐에 따라서 성공 가능성은 100% 달라진다. 일론 머스크Elon Musk의 테슬라 전기차는 획기성을 인정받으며 시장에서 성공했으나, 만일 특허 전문가인 필자가 혼자서 테슬라 전기차를 개발해 사업화를 진행했다면 성공 가능성은 0.001%도 되지 않았을 것이다. 마찬가지로 자본이 충분하지 않은 개인이 스마트폰이나 반도체 또는 자동차같이 많은 자본을 투입해야 하는 기술 분야의 신기술을 직접 개발하는 것은 그다지 좋은 선택이 아니다. 적어도 내가 직접 사업화에 뛰어들 수 있을 만큼 감당이 가능한 제품의 분야에 아이디어를 집중하는 것이 성공의 가능성을 높여줄 수 있다.

만일 당신이 신기술 아이디어를 개발하고자 한다면 이 3가지 측면에서 과연 '돈이 되는가?'를 점검해보라. 만일 그중에 하나라도 확신이 없다면 그 아이디어 대신 다른 아이디어에 집중하는 것이 더 나을 수도 있다. 돈이 된다는 확신이 있어도 실패할 가능성은 언제나 널려 있는데, 굳이 돈이 안 되는 아이디어를 붙잡고서 사업화를 하려고 위험을 무릅쓸 이유는 전혀 없다.

3

특허 빅 데이터를 보면 비즈니스와 돈이 보인다

다행스럽게도 당신의 아이디어가 돈이 되는가를 점검하고 비즈니스에 더욱 유리하도록 아이디어를 발전시키는 데 쉽고 유용하게 활용할 도구가 있다. 바로 특허 빅 데이터다.

특허를 받으려면 신기술 아이디어를 상세하게 기재한 서면을 특허청에 제출해야 한다. 이들 중 일정 요건에 충족되면 특허청 정보 사이트인 키프리스www.kipris.or.kr에 공개된다. 특허 출원을 한 지 1년 6개월이 경과하거나 그 이전이라도 특허가 인정되면 '이런 특허가 출원되었거나 등록되었습니다' 하는 식으로 신기술 아이디어의 전체 내용을 무료 공개하는 것이다.

현재 대한민국 특허청에서 공개하는 특허 기술 문헌은 1947년도부

국내외 지식재산권에 대한 모든 정보를 DB로 구축하여 누구나 인터넷을 통해 무료로 이용할 수 있도록 특허청이 한국특허정보원KIPI을 통하여 제공하고 있는 특허 검색 서비스

출처: www.kipris.or.kr

터 2017년까지 약 390만 건이며, 이는 1년에 5만 5,000건씩 꾸준히 공개되는 셈이다. 대한민국 특허청을 넘어 미국 특허청www.uspto.gov같이 다른 나라의 특허청 데이터베이스까지 확인할 수 있으니 최신 기술 자료가 모여 있는 데이터베이스로는 전 세계적으로 가장 크고 신뢰할 만한 기술의 보고寶庫다.

특허 제도의 목적은 '고유한 핵심 기술을 공개하는 조건으로 (특허 요건에 해당되는 경우) 일정 기간 독점권을 인정하는 것'이다. 그런데 신기술을 개발한 대부분의 사람들은 어차피 공개되어 모방 제품이 나올 바에야, 특허청에 독점권을 조건으로 특허 기술을 공개하는 쪽을 선택한다. 그래서 신기술을 개발한 사람들 입장에서 자발적으로 특허청에 특허 출원을 하게 되며, 결과적으로 대부분의 가치 있다고 판단되는 최신 기술들은 특허청에 의해 공개됨으로써 '특허 빅 데이터'를 형성하게 된다. 중요한 것은 특허 빅 데이터를 통해 과거부터 최근까지 특정 분야에서 신기술이 계속 개발되어온 큰 흐름을 확인함으로써 내 아이디어의 시장성을 파악할 수 있다.

실제 신기술 아이디어로 비즈니스를 성공한다는 것은, 새로운 금광을 발굴하고 캐냄으로써 돈을 만드는 것과 유사하다. 그런데 대한민국 내에서 완전히 새로운 금광은 우연히 발견하는 것을 제외하고는 쉽지 않다. 기존에 있는 금광을 분석하고 어느 지역에 금광이 몰려 있는지 확인하는 것이 상대적으로 쉽다.

예를 들어 광물 자원 분포도를 통해서라도 금광이 있는 여러 지역을 금세 파악할 수 있다. 이들 각각의 금광에서 언제부터 금을 캐왔는지를 확인한다면 그 금광을 개발했을 때 얼마나 시장성이 있는지를 알 수 있다. 어떤 금광은 100년 전부터 금을 캐왔기에 땅을 깊숙이 파야지만 금이 나오므로 채산성이 없을 수도 있다. 반대로 어떤 금광은 최근 10년 이내에 금이 발견되었으므로 세부 위치만 잘 잡으면 조금만 땅을 파도 금을 캘 수 있다.

특허 빅 데이터도 이처럼 특정 기술 분야에서 얼마나 오래전부터 특허 기술들이 제안되어왔는지, 그리고 얼마나 많은 기술들이 경쟁하는지를 통해 그 기술 분야의 시장성을 파악할 수 있다. 기왕이면 최근에 제안되었을수록 기술 수명이 많이 남았을 것이고, 상대적으로 경쟁이

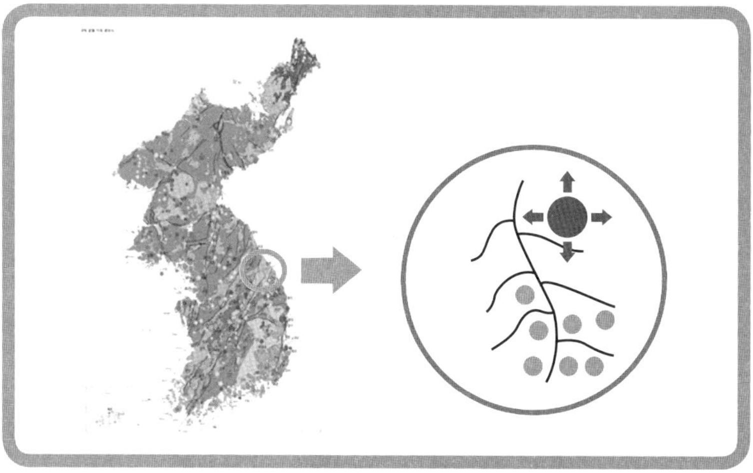

광물 자원 분포도를 통해서 금광이 있는 여러 지역을 금세 파악할 수 있는 것처럼, 특허 빅 데이터를 활용하면 얼마나 오래전부터 특허 기술들이 제안되고 경쟁해왔는지 그 기술 분야의 시장성을 파악할 수 있다.

덜 치열할수록 시장을 넓게 차지할 기회가 남아 있다.

'볼펜'에 대한 신기술 아이디어를 떠올렸다고 가정해보자. 대한민국 특허 정보 사이트인 키프리스에서 '볼펜'을 검색해보면 1958년도부터 무려 7,178건의 특허 기술이 존재하는 것을 확인할 수 있다. 그렇다면 1958년도부터 볼펜 관련 특허 기술은 7,000여 건 이상이 치열하게 경쟁해온 것이다. 2018년도에 볼펜에 관한 신기술 아이디어를 하나 더 제안한다면 경쟁에 묻혀 큰 주목을 받지 못할 수도 있다.

나아가 특허 빅 데이터를 통해 최근의 기술 동향을 확인할 수 있으며 그로써 현재의 가장 핫한 기술 방향이 무엇인지, 나와 경쟁하는 기술들에는 어떤 것이 있는지 쉽게 파악할 수 있다. 만일 내 아이디어가 최근의 기술들과 상당히 다른 방향이라면 그만큼 독특함이 있다고 할 수 있으며, 반대로 최근 기술들의 연장선에 있는 것이어서 차별화가 약하다면 그만큼 경쟁력이 떨어진다는 의미가 된다.

금광의 예를 다시 떠올려보자. 당신이 금광 후보지로 선택한 지역은 최근에 금광이 발견되기 시작한 곳이고 채굴량도 상당한 것으로 알려져 있다. 그렇다면 이 지역에서 특정한 곳을 찾아 삽을 떠야 하는데 과연 어떤 곳을 선택해야 하는가.

위 그림상에서 경쟁자들이 몰려 있는 금맥의 아래쪽을 차지할 수도 있지만, 이는 얼마 지나지 않아 인접한 경쟁자들과 경계를 긋고 치열하게 싸우게 될 것이다. 대신 경쟁이 덜 치열한 금맥의 위쪽을 차지한다면 비교적 경쟁에서 자유롭게 원하는 만큼 금광 영역을 확장할 수 있게 될 것이다.

실제로 볼펜의 경우, 2012년부터 2017년까지는 100여 건의 신기술만 특허 등록을 했으며 그간의 누적된 특허 기술이 워낙 많다 보니 획기적인 신기술보다는 기존 볼펜의 단점을 해소하는 내용이 다수다. 그런데 의외로 최신 IT 기술을 탑재한 신기술이 없는데 만일 당신이 그런 아이디어를 제안한다면 비교적 경쟁에서 자유롭게 사업화할 수 있을 것이다.

이처럼 특허 정보는 단순하게 특허 기술 자료가 모여 있는 곳으로 그치는 것이 아니라, 특정 기술 분야의 역사와 기술 흐름을 일목요연하게 보여주는 빅 데이터의 역할을 하게 된다.

당신의 신기술 아이디어가 돈이 된다는 확신이 있다면 반드시 특허 빅 데이터를 통해 검증하라. 특허 빅 데이터를 확인하고 분석함으로써 나의 신기술 아이디어의 가치와 시장성을 객관적으로 검증하는 데 유용하게 활용할 수 있다.

4

다른 사람이 선점했다면 오히려 기회로 삼아라

한편 특허 빅 데이터는 혹시 발생할 수 있는 사업화의 치명적인 약점을 미리 해결하는 데도 필요하다. 금광의 예에서 조금 더 나가보자. 당신은 금맥 중에서 경쟁자들로부터 비교적 자유로운 곳에 터전을 잡고 금광을 채굴하기 시작했다. 한참 금광을 개발해서 이제 막 금덩이를 캐내기 일보 직전인데 누군가 다가와 이렇게 이야기한다. "이곳은 내 금광입니다. 당신은 내 금광에 침범한 셈이니 당장 물러나세요."

그렇다면 이제까지 금광을 개발하느라 들인 시간과 돈과 체력은 모두 헛수고가 되고 금광의 원 주인에게만 도움이 되는 일을 한 셈이다.

실제로 사업화를 진행하다 보면 뜻하지 않게 나의 아이디어와 유사하게 다른 사람이 먼저 기술을 선점한 경우가 있어 문제되기도 한다.

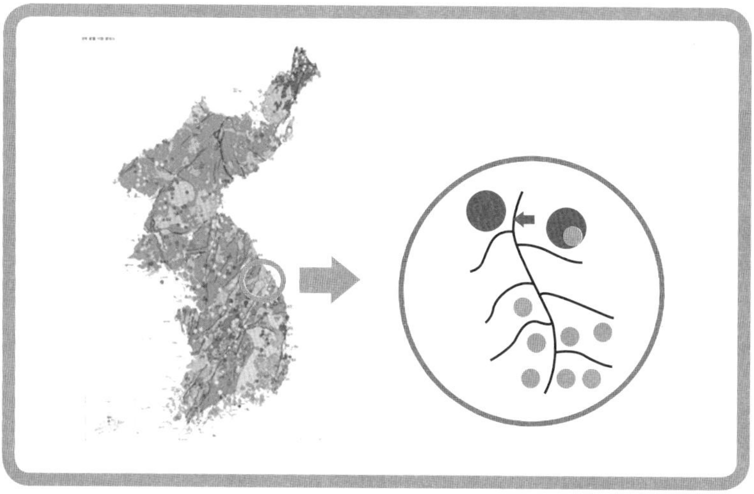

사업을 진행하기 전에 특허 데이터 검색을 통해 '누군가 먼저 특허 등록을 받지는 않았는가'를 반드시 확인한다.

물론 아이디어를 개발하고 사업화를 하는 입장에서는 나름대로 획기적이지만, 우연의 일치로 누군가 비슷한 내용을 특허로 가지고 있다면 어떻게 할 것인가? 의외로 많은 사람은 본인이 새롭게 개발해냈다는 생각에 몰입해 '설마 다른 사람이 개발했을 리는 없어'라는 식으로 사업화를 밀어붙이다가 낭패를 당한다.

사업화를 진행하기 전에 특허 데이터 검색을 통해 '누군가가 먼저 특허로 선점하지는 않았는가?'를 반드시 확인해야 한다. 특허 데이터를 조금만 유심히 들여다보면 다른 사람에 의해 선점된 여부를 파악할 수 있다. 내가 만든 신기술과 경쟁할 제품이 실제로 판매되거나 온라인 서비스를 운영하고 있다면 시장에서 발견되므로 파악할 수 있다.

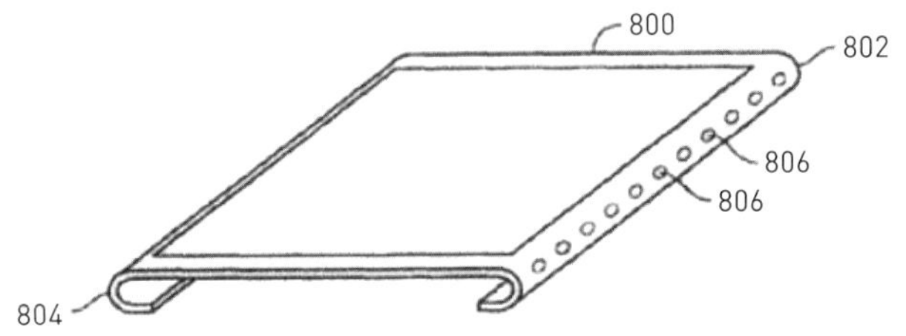

애플의 특허 출원서에 등장한 디스플레이 디자인

출처: 미국 특허청

하지만 그것만으로는 부족하다. 이미 시장에서 발견되는 서비스나 제품들은 수많은 경쟁 기술들 중 운 좋게 출시되어 자리 잡은 것들이다. 그 외에 아직까지 출시되지 않은 잠재적 경쟁 기술들은 온오프라인에서 모습을 드러내지 않는다.

그래서 필요한 것이 변리사를 통한 특허 데이터 검색이다. 당신은 애플이 차기 스마트폰에 채택할 기술로 '테두리 없는 지문 인식 대화면'이 될 수도 있다는 기사를 뉴스에서 접했을 것이다. 애플이 공식 발표도 하지 않았는데 어떻게 엔지니어들은 알 수 있었을까? 바로 특허 검색을 통해 애플이 관련 신기술 개발을 완료했음을 알 수 있었고, 시장 상황상 언제든 채택이 가능하리라 예상할 수 있었다.

결국 애플과 경쟁하는 다른 스마트폰 제조사들은 특허 검색을 통해 애플의 차기작에 장착할 신기술을 일일이 알게 되고, 고객 반응이 좋다면 자신들도 같은 내용이지만 보다 뛰어난 기술을 개발하게 된다. 경쟁사에서 신기술을 개발했는데 고객 반응이 좋다는 것은 시장성을 이미 검증받았다는 말이 된다. 그러니 그보다 효율적이고 고객들이 더욱 선호할 기술을 만들어낸다면 땅 짚고 헤엄치는 식으로 시장을 차지할 수 있게 되지 않겠는가.

이때 당신의 변리사는 특허 검색을 통해 경쟁하는 선행 특허(특허청에 먼저 공개된 특허)가 있음을 제시하는 것만으로 그쳐서는 안 된다. 기술 전문가인 변리사는 특정 신기술 아이디어를 검토하는 과정에서 단점과 개선점을 쉽게 파악할 수 있다. 그러니 당신은 선행 특허를 제시하는 변리사로부터 "이 선행 특허가 좋아 보이지만, 이런 부분이 아쉬우니 어떤 방향으로 개선한다면 더 좋은 기술을 획득할 수 있을 것 같다"는 의견까지 얻어내야 한다.

2015년 오리뼈우거지탕을 개발한 부산의 이용철 대표가 필자를 찾아왔다. 오리고기와 우거지의 건강적인 장점을 탕으로 만드는데 특히 오리뼈를 이용해 구수한 맛을 낸다는 것이 주된 특허 내용이었다. 특허 검색을 해보니 '오리고기와 우거지를 넣어서 해장국을 제조하는 방법'은 이미 선행 특허가 있었다. 추가 조사를 면밀히 해본 결과 그 특허로 사업화를 본격적으로 진행하지는 않았고, 문제는 '오리고기의 잡냄새'를 잡는 것이 관건이라는 것을 알 수 있었다. 즉 오리고기는 특정 부위의 누린내를 잡아야 일반인들이 먹기 좋은 음식이 된다.

선행 특허는 이 문제를 제대로 해결하지 못해 사업화로 이어지지 못했던 것이다. 이용철 대표는 실제로 오리고기의 누린내를 효과적으로

오리뼈 잡냄새 제거 비법을 특허 등록한 '오리뼈우거지탕' 이용철 대표

제거하는 방법을 특징으로 삼아 '오리뼈우거지탕'을 개발하게 되었다. 이 내용으로 특허 등록이 가능했고, 부산에서 대한민국 최초의 '오리뼈우거지탕' 전문 매장을 오픈했더니 고객들이 입소문을 내면서 끊이지 않고 찾아오게 되었다. 결국 방송국에서도 '오리뼈우거지탕'만의 성공 비법을 취재하러 찾아왔다고 한다.

오리뼈우거지탕의 사례에서 선행 특허가 있다는 것을 알고 포기하였더라면 이런 사업 성과는 얻을 수 없었을 것이다. 하지만 선행 특허가 있는데도 불구하고 단점을 공략해 특허 등록이 가능하도록 이끌고, 고객들에게 입소문이 나는 마케팅 효과도 얻을 수 있었다. 그러니 당신도 경쟁 기술에 대해 실망하지 말고 이를 기회로 삼아서 당신의 기술을 더욱 완벽하게 만들 수 있기를 바란다.

5

신기술 개발 과정부터 변리사를 만나면 특허의 가치가 100배는 뛴다

만일 당신이 신기술 아이디어로 경쟁자들을 누르고 시장 점유율을 높이고 싶다면, 지금 준비된 아이디어가 기본 방향만 정해진 상태더라도 변리사부터 만나서 도움을 얻는 것이 더욱 유리하다.

일반적으로 대기업은 사내에 변리사를 포함한 특허 담당 직원을 채용해 특허팀을 꾸린다. 이 팀에서 기술 개발의 방향을 선정하고, 경쟁 기술을 분석하며, 고객들이 요구하는 신제품에 대한 아이디어를 개발하는 과정을 진행한다. 기획 초기부터 특허팀 주도로 고객이 요구하는 사업성이 높은 아이디어를 전략적으로 만드는 것이다.

그에 비해 개인이나 스타트업은 막연하게 '이게 팔릴 것 같아'라는 기대감으로 신기술 아이디어를 완성하면, 변리사는 '특허는 가능할 것 같다'는 결과만 제시하게 된다. 그러면 '과연 팔릴 것인가'에 대한 답변은 아무에게서도 얻지 못한 채 장님 코끼리 만지는 식으로 사업이 진행되다 보니 비즈니스 성공 가능성이 높지 않게 된다.

변리사를 비즈니스 파트너로서 당신의 특허팀처럼 활용하라. 비즈니스 기획 초기부터 변리사를 포함시켜서 '사업 전망이 괜찮은지' 확인을 구하라. 4.0시대에 충실한 변리사들은 특허 빅 데이터 분석을 통해 수요 시장이 충분한지 답변을 줄 것이다. 경쟁 기술과 차별화된 방향을 제시해줄 것이고, 필요하다면 어떤 기술을 접목했을 때 효과적인 해결 수단이 될 수 있는지 알려줄 것이다. 나아가 단순한 아이디어에서 시작해 완전한 신기술로 완성하는 과정에서 당신이 미처 생각하지 못했던 단점을 발견해주거나, 시너지를 내는 새로운 기술이 완성되도록 기꺼이 도와줄 것이다.

목포자유무역단지에 본사를 둔 에스텍S-tech은 환경 규제가 강화된 선진국에서는 이미 보편적으로 사용하는 산업용 안전 장갑을 제작해 수출하는 회사다. 안전 장갑은 자동차 공장 같은 대규모 생산 라인에서 일하는 근로자들에게 의무 지급해야 하는 것으로, 칼이나 각종 위험한 상황에 노출된 근로자들의 손을 안전하게 지켜준다.

이 회사의 대표는 전형적인 경영자 타입으로, 전통적인 방식으로 단순 제조만 해 수출하다 보니 주목을 받지 못하고 있었다. 그러다가 필자를 만나고 회사에 새로운 기술을 개발할 인력이 없다는 아쉬움을

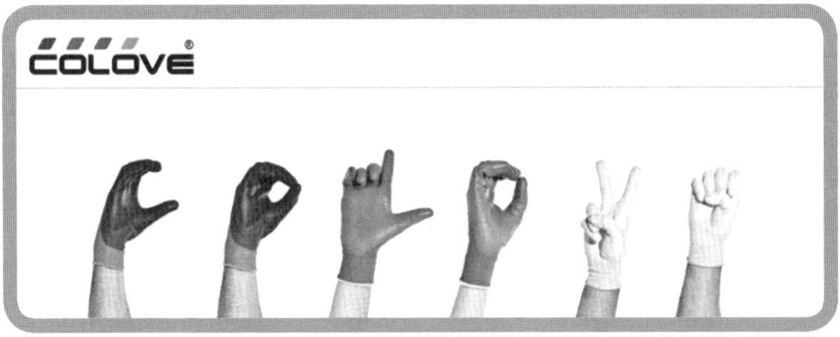

특수 섬유의 제조법을 개선하여 제작한 컬러브 안전 장갑

토로하던 끝에, 필자가 적극 개입해 시장에 필요한 신기술을 완성할 수 있게 되었다.

2010년도 특허 제959867호로 등록된 '초고강도 폴리에틸렌 섬유의 제조법'은 산업용 안전 장갑에 사용되는 특수 섬유의 제조법을 개선한 것이다.

종래 산업용 안전 장갑에 사용되던 특수 섬유는 단단하기는 하지만 부스러지는 단점이 있었다. 또 환경 친화적이지 않은 물질을 사용해 제작하고 있었다. 이런 단점들을 보완할 수 있는 '보다 더 단단한 섬유', '친환경적인 섬유'를 요구하는 시장의 니즈를 포착해, 실제 특수 섬유의 제조법에 적용이 가능한 '제트 분사'라는 방식을 제안함으로써 신기술을 완성할 수 있었다. 그 결과 에스텍은 신기술 특허를 적용한 신제품을 국제 시장에 출시해 대히트를 기록할 수 있었고, '천만불 수출탑'까지 수상하는 놀라운 성과를 거두었다.

이처럼 비즈니스 초기에 변리사를 활용하는 것은 기업뿐 아니라 개인에게 오히려 더욱 유용할 수 있다. 기업은 비즈니스 분야가 정해져 있으므로 그 분야에 한해 신기술의 방향을 찾기 마련이다. 그에 비해 개인은 다양한 주제로 비즈니스 아이템을 선정하며, 본인과 맞지 않는 엉뚱한 비즈니스 아이디어를 선택해 실패를 키울 가능성이 있다.

오래전 개인 발명가가 측면 주차를 도와주는 보조 바퀴 신기술을 개발해 시연까지 했으나 대기업이 외면해 상업화되지 못했다는 뉴스를 기억할 것이다. 이 경우 돈이 되는 아이디어의 여러 변수 중 주관적 변수 요인에 의해 개발자의 역량을 벗어났기 때문에 실패했을 가능성이 높다. 이처럼 개인은 비즈니스 초기부터 돈이 되는 여부를 판단하는 과정에서 변리사의 도움이 더욱 필요하다.

개인은 기술적 능력 면에서 한계가 있는 경우가 많다. 이때 변리사는 비즈니스 아이디어를 구체화하는 과정에서 적절한 도움을 주어 쉽게 신기술을 완성하도록 도와줄 수 있다.

2010년 1월 필자를 찾아왔던 P의 사례가 이에 해당한다. 평소 업무상 귀에 블루투스 이어셋을 꽂고 전화 통화를 자주하던 P는 마이크의 길이가 짧아서 불편함을 느끼던 차에 이를 개선하면 '돈이 되겠다'는 생각이 들었다고 한다. 구체적인 아이디어를 미처 생각하지 못하고 무작정 사무실을 방문한 P는 필자에게 딱 한마디만 했다. "무선 이어셋의 마이크가 들어갔다 나왔다 하는 걸 특허로 받고 싶어요."

이 요청을 받고 필자는 P에게 '내용과 원리를 가리지 말고, 생활에

블루투스 이어셋의 단점을 보완하기 위한 아이디어 스케치

① 립스틱	⑥ 자동차 안테나	⑪ 엘리베이터	⑯ 사다리차
② 카메라 렌즈	⑦ 비데 노즐	⑫ 줄자	⑰ 컴퓨터 시디롬
③ 실리콘 총	⑧ 모나미 볼펜	⑬ 에스컬레이터	⑱ 두더지 게임
④ 폴라포 아이스크림	⑨ 전동 분쇄기	⑭ 지게차	⑲ 활과 화살
⑤ 국기 게양대	⑩ 자동차 창문	⑮ 견인차·렉카	

서 길이가 늘어났다가 줄어드는 것을 찾아오라'고 요청했다. 그 결과로 가져온 실제 목록은 위 도표와 같다.

그중에서 필자는 여러 기술적 속성을 고려해 '모나미 볼펜'의 구조가 가장 적당하다고 제안했고, 이를 블루투스 이어셋에 접목해 신기술을 완성할 수 있었다. 이 신기술은 특허로 등록된 것은 물론이고 높은 시장성과 기술 가치를 인정받아 다른 기업에 성공적으로 이전되는 성과를 냈다고 한다.

이렇듯 개인은 아이디어를 구체화해 완성하는 과정에서 기술 전문가로서의 변리사의 능력을 활용해 지름길을 따라 돈이 되는 아이디어를 완성할 수 있게 된다.

당신이 신기술로 미래를 준비한다면, 변리사를 기획 초기부터 활용해 비즈니스에 적합한 신기술을 만들어라. 엉뚱한 아이디어에 돈과 시간을 낭비하지 않을뿐더러 실제 시장에서 선호하는 돈이 되는 아이디어로 사업화를 해 성공할 수 있으며, 경쟁자들이 모방품을 만드는 것

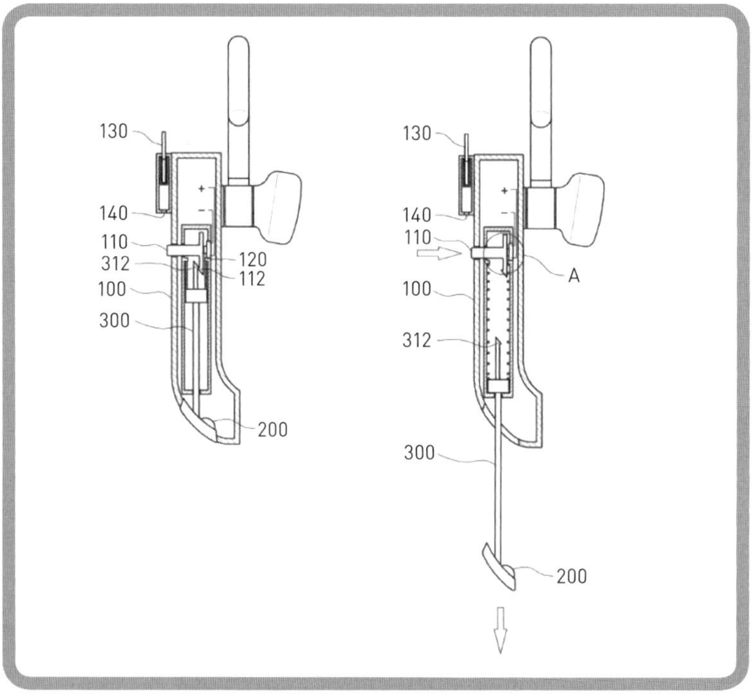

블루투스 이어셋에 모나미 볼펜의 장점을 접목시킨 아이디어

도 막아낼 수 있다. 그러면 당신의 신기술에 대한 투자는 효과적인 것이 되고 엉뚱한 아이디어로 실패를 연달아 할 때 보다 기업 가치가 최소한 수십 배, 심지어 수백 배 커질 수 있게 될 것이다.

6

신기술로 비즈니스를 성공하고 싶다면 반드시 이것을 준비하라

당신은 성공적인 비즈니스를 준비하고 있고, 다행히 돈이 되는 아이디어를 떠올릴 수 있었으며, 특허 빅 데이터를 통해 경쟁 기술들을 파악해 특허로 보호되는 아이디어로 완벽하게 완성할 수 있었다. 마지막 단계에서 당신의 아이디어로 해야 할 중요한 일은 완성된 신기술 아이디어를 다른 사람과 효과적으로 공유할 수 있도록 '신기술 아이디어 설명서'를 준비하는 일이다.

실제로 자신만의 완성된 아이디어를 가지고 있는 대부분의 사람들은 머릿속의 내용을 다른 사람과 공유하는 과정에서 어려움을 느낀다. 아이디어가 대단한 가치가 있는데도 효과적으로 전달하지 못하거나 엉뚱하게 전달해 낭패를 보기도 한다는 말이다.

신기술 아이디어 설명서

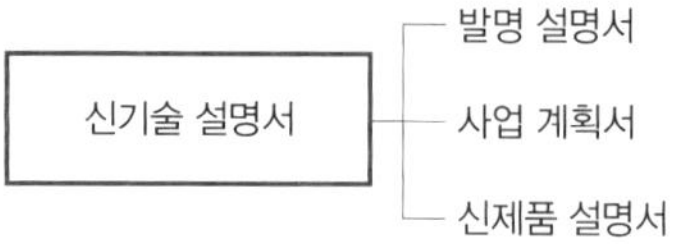

'신기술 아이디어 설명서'는 나의 신기술 아이디어를 다른 사람과 공유하는 가장 기본이 되는 내용을 정리한 것이다. 목적이나 용도에 따라 '발명 설명서', '사업 계획서', '신제품 설명서' 등 다른 형식의 서류를 마련하는 데 뼈대 역할이 된다.

예를 들어 당신이 머릿속에 신기술 아이디어를 완성했고 이를 본격적으로 사업화한다고 해보자. 무엇부터 시작할 것인가? 당장은 가족이나 믿을 만한 친구에게 아이디어를 이야기해보고 반응을 살필 것이다. 그러나 정작 주변 사람들은 당신과의 친분 문제로 그 아이디어에 대해 비판하지 못하고 "어? 좋은데?"라고 형식적으로 답변할 가능성이 높다. 실제로 이야기를 꺼내는 당신도 친구들에게 좋은 답변을 듣고 싶어서 긍정적이고 희망적인 정보만 전달하고, 예상되는 단점은 "문제는 있지만 해결할 수 있어"라고 전달하지 않을 가능성이 높다. 이렇게 해서는 솔직하고 객관적인 공유를 하기 어렵다. 당신이 신기술 아이디어를 완성해 가장 먼저 해야 하는 일은 이것이다. 그 아이디어의 객관적 공유와 판단이 가능하도록 문서로 정리하는 것이다.

'신기술 아이디어 설명서'는 나의 신기술 아이디어가 왜 필요하고 기존의 기술과 어떤 점에서 차별화되며, 어떤 효과가 있는지 논리적으로 설명하는 데 중요성이 있다. 아이디어를 완성하면 사람들은 '내 신기술 아이디어는 이렇게 잘 만들었으니 반드시 효과가 있을 거야'라는 식으로 이야기한다. 하지만 이 점을 기억하라! 사람들은 당신이 얼마나 열심히 잘 만들었는지는 관심이 없다. 사람들은 대개 본인 기준으로 판단하므로 당신의 아이디어로 인해 실제 본인들이 겪고 있는 불편함이 해소될 수 있는지만 관심 있다.

따라서 당신이 아이디어를 완성하고 이를 다른 사람과 공유하려면 '논리적으로 당신의 아이디어가 얼마나 필요하고 충분한 가치가 있는지' 문서로 정리해야 한다. 논리적 흐름은 당신이 특허 빅 데이터를 분석한 결과에 기초해 작성하되 차별되는 당신만의 신기술이 시장성이 충분하고 매력 있는 사업임을 보여주면 된다. 신기술 아이디어 설명서에 담기는 가장 기본적인 항목 순서와 내용은 다음과 같다.

(1) 신기술의 해결 과제: 신기술 아이디어의 목적을 밝히고 아이디어를 공유하는 사람들에게 공감을 이끌면서도 시장성을 가늠하도록 한다.

(2) 배경이 되는 기술: 신기술 아이디어가 필요한 배경을 밝힌다. 기존에 어떤 기술이 존재했는지, 최근에 제안된 기술들 중 유사한 것이 있지만 단점은 무엇인지 등을 특허 빅 데이터 분석 결과에 기초해 보여줌으로써 나의 신기술 아이디어에 대한 기대치를 갖도록 한다.

신기술 설명서

항목	설명	내용
신기술의 명칭	발명의 이름	스마트폰을 이용한 네비게이션
신기술의 해결과제	발명으로 무엇을 하기 위한 것인가?	본 발명의 해결과제는 화면이 작은 스마트폰을 내비게이션으로 사용하는 과정에서 사용자가 목적지를 더욱 쉽게 선택할 수 있도록 한 것이다.
배경이 되는 기술	이전 기술에는 어떤 문제가 있었는가?	종래에는 스마트폰으로 단순히 지도정도만 제공하였을 뿐이고 이 경우에 좁은 스마트폰 화면에서 조작을 하는 것이 힘들었다. 특히나 내비게이션은 운전이라는 특수한 상황에서 조작을 해야 하는 경우가 많다보니 더욱 쉽게 조작할 필요가 있다. 그리고 현재 존재하는 유사한 기술들은 자동차에 고정적으로 사용되는 내비게이션에서 사용되는 기술이어서 차이가 있을 뿐 아니라, '벌집 즐겨찾기' 라는 내 아이디어의 핵심적인 특징과는 유사성이 낮다.
신기술의 핵심특징	발명을 이루는 핵심 구성은 무엇인가?	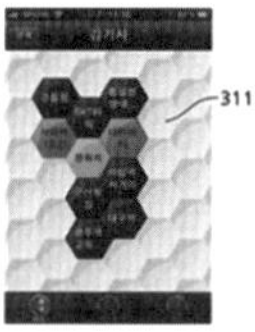 이러한 신기술의 기본적인 해결수단은 사용자가 검색한 곳을 상대적인 방위와 거리에 따라 벌집모양으로 자동으로 만들어서 즐겨찾기 화면으로 보여준다.
신기술의 효과	발명으로 얻는 독특한 효과는 무엇인가?	사용자는 벌집모양의 즐겨찾기에서 원하는 곳을 직관적으로 선택할수 있으며 네비게이션을 쉽게 시작하는 효과가 있다.

'신기술 아이디어 설명서' 예시

(3) 신기술의 해결 수단: 나만의 독특한 방식으로 신기술을 어떻게 해결하는지 해결 수단을 간단명료하게 밝힌다. 이때 전체 아이디어의 완성된 내용을 일일이 설명하는 것이 아니라, 핵심 특징만 짧게 정리하는 것이 포인트다. 전달하고자 하는 핵심 특징이 복잡할수록 사람들은 당신의 신기술 아이디어의 핵심을 파악하지 못한다.

(4) 신기술의 효과: 신기술로 인해 얻을 수 있는 효과가 무엇인지 밝힌다. 단순하게 신기술의 해결 과제를 해결하는 것을 넘어서 신기술로 얻는 특유의 효과를 결론으로 보여주면 신기술 가치가 높다는 것이 인상 깊게 각인된다.

실제 신기술 아이디어 설명서를 작성해보면 기본적인 핵심 특징은 A4 한 장으로 충분하다. 다만 경쟁 기술을 발견하고 이를 분석해서 당신의 신기술이 가장 차별화되는 핵심 특징을 파악하는 과정이 생소할 수도 있지만, 이 책의 4장을 보면 쉽게 정리할 수 있다.

당신의 신기술 아이디어를 제대로 작성한 '신기술 아이디어 설명서'가 마련되면, 이는 다음과 같이 활용된다.

첫째, 좋은 특허권으로 보호받을 수 있게 된다.

당신이 특허를 상담하면서 '신기술 아이디어 설명서'를 제시해보라. 당신과 상담할 변리사는 경쟁 기술과 차별화되는 신기술의 핵심 특징을 아주 쉽게 파악할 수 있게 되며, 이를 중심으로 가치가 높은 특허권을 확보해줄 수 있게 된다. 그러면 당신은 실제 모방품이 출시되었을 때 효과적으로 대응할 수 있으므로 그만큼 당신의 시장을 오랫동안 지킬 수 있게 된다.

둘째, 사업 파트너를 구하기 쉬워진다.

비즈니스를 시작하면서는 나와 미래를 같이할 사업 파트너를 구해야 한다. 이때 단순한 인연에 얽매여 파트너를 구하기보다 신기술의 필요성을 잘 정리해 이를 토대로 사업 파트너를 설득해보라. 실력 있는 파트너라면 사업으로서의 비전을 금세 알아차리고 당신과 흔쾌히 손을 잡을 것이다.

셋째, 자금 유치가 용이해진다.

비즈니스를 위한 자금 유치는 금융 기관이나 창업지원센터에서 신기술 비즈니스의 경쟁력을 설득하는 과정부터 시작된다. 이때 신기술이 경쟁 기술과 차별되는 가치를 상대방에게 잘 전달한다면 사업의 전망성을 좋게 보아 흔쾌히 투자를 유치할 것이다. 심지어 투자액도 커질 수 있고, 금융 기관에서는 이율도 낮게 책정할 것이다.

넷째, 거래처 설득을 통한 마케팅 효과도 높다.

신기술이 제품으로 출시된다고 해보자. 당신은 거래처에 이 신제품의 장점을 소개해야 하며, 거래처는 당신한테 들은 장점을 고스란히 고객들에게 전달할 것이다. 또는 당신의 홍보팀은 신제품의 장점을 활용해 마케팅 활동을 하게 된다. 이때 당신이 기술 설명서에 경쟁 기술과 차별화된 특징을 선명하게 제공할수록 고객에게 전달되는 신제품의 장점도 선명할 테고, 이는 입소문을 통한 시장 점유율 확대로 이어질 것이다.

신기술 아이디어 설명서는 단순한 '서류 작성'을 넘어 당신이 경쟁 기술을 분석하고 당신의 신기술의 장점을 더욱 선명하게 드러내는 데 쓰인다. 당신이 신기술 아이디어로 사업화를 한다면 반드시 빅 데이터를 활용한 신기술 설계 과정을 통해 신기술 아이디어 설명서를 작성하라. 작성 과정에서 그리고 작성된 내용을 공유하는 과정에서 당신의 비즈니스에 날개를 달 수 있는 여러모로 중요한 자산으로 활용될 것이다.

7

당신의 신기술이 휴지 조각으로 변하는 순간: 제대로 보호받지 못한 특허, 관행대로만 일하는 변리사들의 함정

아무리 좋은 신기술 아이디어로 시장에서 성공했더라도 지식재산권 문제를 괄시해 어이없는 실수로 애써 찾아온 황금 같은 기회를 날리는 경우를 조심하기 바란다.

한때 각 가정에서 하나씩은 구매했을 정도로 대히트였던 스팀 청소기를 최초로 출시했던 H사가 워크아웃 절차에 들어가면서 파산 일보 직전에 몰렸다는 뉴스가 2017년 초에 언론을 탔다.

혹시 이 스팀 청소기를 알고 있는가. 바닥을 청소하는 청소기에서 뜨거운 스팀이 나와 바닥의 묵은 때를 쉽게 벗겨주는 제품으로 획기적인 청소기였다. 기존의 진공청소기와 차별되는 제품으로 블루오션을 개척해 순식간에 큰 부자가 된 H사가 왜 워크아웃 절차에 들어가게

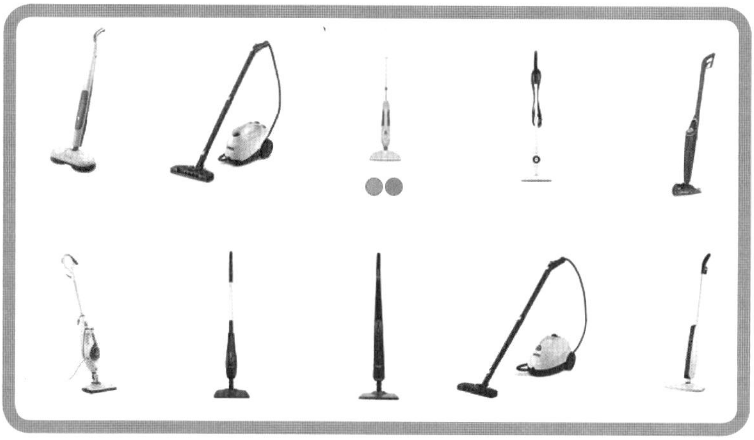
H사의 특허에도 불구하고 시중에는 다양한 스팀 청소기가 판매되고 있다.
출처: 다나와

되었을까? 실제 스팀 청소기를 사용해본 입장에서 이유를 파헤쳐본 결과, 놀랍게도 특허 문제도 실패 원인이 될 수 있음을 알게 되었다.

스팀 청소기는 진공으로 먼지를 빨아들이는 기존의 청소기와 달리 스팀을 발생해 바닥으로 내뿜는 신기술이 적용된 제품이다. 당연히 H사에서는 특허청에 지식재산권 보호를 위해 특허 등록을 해놓았고, 비슷한 모방 제품이 나타나지 않아 한동안은 스팀 청소 기능을 가지는 청소기 시장을 독점할 것으로 생각했을 것이다.

하지만 결과는 어떠했는가? 현재 스팀 청소기를 온라인 전문 판매점에서 확인해보면 유수의 알만 한 기업들로부터 작은 신생 회사까지 약 10여 개의 회사에서 우후죽순 제품을 출시하고 있는 것으로 파악된다. H사에서 특허 등록으로 보호를 받고 있는데 어떻게 모방 제품이

너도나도 출시되는 것일까?

여기서 놓쳐서 안 되는 사실이 숨어 있다. 실제 제품에 구현된 신기술의 핵심 내용과, 특허로 보호되는 핵심 내용이 완전히 동일하지 않다는 것이다. 특허 등록을 하려면 실제 제품을 특허청에 제출하는 것이 아니라 제품에 담긴 신기술을 글과 그림으로 설명한 서류 심사를 받는 과정을 거쳐야 한다. 만일 특허청에 제출된 서류에 담긴 기술 핵심이 실제 신기술의 기술 핵심과 다른 내용이라면 어떻게 될 것인가.

실제 H사의 스팀 청소기의 핵심 신기술은 스팀으로 청소하는 기능이며, 진공 청소 기능을 가지고 있는지는 중요하지 않다. 그렇다면 특허 등록의 핵심은 '스팀 청소 기능'에 초점을 맞춘 다음 이 기능을 모방하는 것을 막아달라고 특허청에 요구하는 것이 정석이다. 그래야 스팀 청소 기능만을 가지고 판단해 스팀 청소 기능을 가진 모든 모방품에 대해 판매 중단을 요청할 수 있다.

그런데 만일 특허 등록을 받는 과정에서 스팀 청소 기능과 함께 진공 청소 기능을 동시에 가지는 경우에만 보호되는 것으로 한정해 특허 등록을 받게 되면 어떻게 될까? 스팀 청소 기능은 가졌지만 진공 청소 기능은 없는 모방 제품이 출시되었을 때, 특허 보호 대상에서 차이가 생기므로 모방 제품을 막아낼 수 없다. 그래서 특허를 등록받는 과정에서 실제 제품에 적용된 필수 핵심 기술만 특허를 받아내야 한다.

현실적으로 이러한 특허권이 인정된 경우, 보호 범위가 어디까지인지 쉽게 알 수 있을까? 어떤 경우는 보호되고 어떤 경우는 보호되지

H사 특허와 모방품 비교

특허	모방품	침해 여부
		침해 아님

않는지 전문가가 아니고는 구별하기 어렵다. 그래서 특허 등록을 대리하는 변리사 입장에서는 넓은 보호 범위를 고려해 필수 핵심 기술만으로 특허 등록을 받아내는 것보다, 실제로 적용되지 않는 기술을 포함하더라도 어떻게든 빨리 특허증을 받아내 고객에게 생색내고 싶은 유혹에 빠지기도 한다. 특허권으로 보호되는 범위는 줄어들더라도 말이다.

좋은 신기술을 개발하고 제품을 출시하는 것도 중요하지만, 신기술의 핵심 가치를 제대로 반영하는 특허권을 보호받는 것이 가장 중요하다. 이 과정에서 '신기술 아이디어 설명서'는 중요한 역할을 한다. 특허 상담을 하는 사람들 중 본인의 아이디어를 설명하기 어려워하는 모습을 종종 목격한다. 머릿속에는 신기술 아이디어의 모든 내용이 들어있지만, 정작 어떤 내용이 핵심적이고 중추적인지 제대로 이야기를 풀어가지 못하는 것이다.

특허 등록은 신기술 아이디어의 핵심 특징을 변리사에게 제대로 전달하는 것부터 시작되어야 하고, 변리사는 특허청 심사관에게 전달받은 핵심 특징을 최대한 살려서 설득하는 과정을 거쳐야 한다. 이때 '신기술 아이디어 핵심'은 특허 빅 데이터를 통해 경쟁 기술과 차별되는 나만의 고유한 특징이라고 정의내릴 수 있다.

그렇다면 경쟁 기술로부터 차별되는 '신기술 아이디어 핵심'을 어떻게 신기술 아이디어 설명서에 명확하게 담을 수 있을까? 먼저 특허 하나로 비즈니스에 성공한 사례와 비결들을 살펴보고, 아이디어를 경쟁 기술과 차별화해 핵심 특징을 체계적으로 정리하는 구체적인 방법도 살펴보자.

3장

HOW TO ①
특허 하나만 있어도 성공적인 비즈니스가 가능하다

비즈니스에 강한 특허를 결정하는 기준: 돈이 되고, 독점이 가능한가?

좋은 특허를 가지고 있는 것만으로 비즈니스가 유리해지는 원리는 아주 간단하다. 시장성이 높은 비즈니스를 독점하면서 다른 경쟁자들이 나의 비즈니스를 따라 하고 싶어도 특허 문제에 걸려 모방할 수 없기에 혼자서 시장을 독점하게 되는 것이다.

당신은 여행 프로그램 등을 통해 유명한 도시 성장 배경에는 '무역 거점을 독점하면서 번성했다' 같은 설명을 들어보았을 것이다. 사람들이 몰리면서 상거래가 활성화된 일정 거점에 독점권을 가지고 지나는 사람에게 통행료를 부과해 부유해진 도시의 사례를 우리는 역사적으로 보아왔다.

기술 발전도 마찬가지다. 어떤 기술 분야가 발전돼가면서 사람들이

특허법에 의하여 발명을 독점적으로 이용할 수 있는 '특허권' 사례

원하는 잘 팔리는 기술에 대해 독점 특허를 가지고 있으면, 일종의 통행료인 로열티를 받는다거나 아예 독점 판매를 함으로써 큰 이윤을 차지할 수 있게 된다.

바퀴를 떠올려보자. 사람들은 오랫동안 물건을 들어서 옮기는 방식으로 불편하게 짐을 옮겼다. 그러던 차에 당신이 새롭게 바퀴라는 것을 개발했다. 핵심은 '동그란 링 안에 여러 개의 바퀴살이 가운데의 회전축으로 연결되어 회전하는 것'이다. 새로운 바퀴를 본 사람들 중 일부는 이 바퀴의 장점을 활용한 새로운 이동 수단을 개발해 판매하고 싶을 것이다. 그것이 '수레'일 수도 있고, '자전거'일 수도 있으며, 엔진의 힘으로 저절로 움직이는 '자동차'일 수도 있다.

만일 당신이 '바퀴'에 대한 특허를 가지고 있다면 당연히 이동 수단을 개발하는 사람들은 당신에게 허락을 받아야 하며, 그 대가는 돈이 될 수밖에 없다. 당신이 직접 바퀴를 제작해 여러 제조 업자들에게 독점으로 납품할 수도 있고, 제조 업자들이 바퀴를 제작 판매하는 대가로 일정한 비율의 로열티를 받을 수도 있다. 이처럼 좋은 특허를 가지고 있으면 바퀴 사업자로서 시장을 장악하게 된다.

특허로 성공적인 비즈니스를 하려면 2가지 조건이 필요하다.

첫째, 특허에 담긴 내용이 시장성이 높아서 '돈이 되는 것'이어야 한다. 당연한 말이지만 사람들이 필요로 하지 않고 구매하고 싶어 하지 않는 내용을 특허로 보호받아 지켜봐야 쓸모없다.

둘째, '특허로 독점이 가능'하고 모방을 막아낼 수 있어야 한다. 아무리 새로운 내용이더라도 특허로 독점 보호를 받지 못한다면 쓸모없다. 팔릴 만한 신제품을 개발해 출시하더라도 이를 본 경쟁사들이 우후죽순 모방 제품을 만들면 보상은커녕 시장에서 도태될 수밖에 없다.

따라서 특허로 비즈니스에 성공하려면 '돈이 되는 것'에 '특허로 독점이 가능한 것'이어야 한다는 2가지 조건을 모두 충족시켜야 한다. 단, 이 2가지 조건 중 어떤 것이 중요한지는 기업 규모나 시장 특성에 따라 다를 수도 있다.

대규모 자본과 마케팅으로 비즈니스를 영위하는 대기업은 '돈이 되는가?'를 중요하게 여긴다. 대기업은 시장 조사를 통해 어떤 제품이 팔릴 것인지 미리 철저하게 조사한다. 그다음 '특허로 독점되는가?'를 고

개인 또는 대기업의 특허 비즈니스 판단 비교

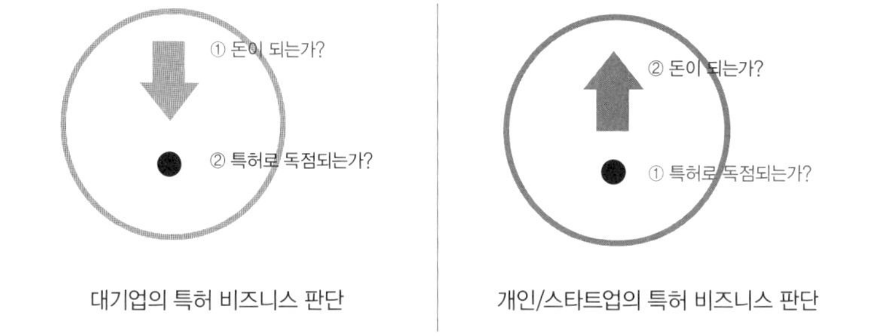

민하는 방식으로 시장에 진입한다. 즉 시장성이 충분하다면 일단 제품 출시를 결정하고 특허 독점 여부를 확인하는 것이다. 이때 특허로 독점될 수 있으면 좋지만, 특허로 독점되지 못하더라도 대규모 마케팅을 활용해 소비자들을 사로잡는 방식으로 특허의 필요성을 대체하기도 한다.

그에 비해 개인과 스타트업은 '특허로 독점되는가?'에 더욱 비중을 두어야 한다. 개인과 스타트업은 향후 사업이 자리 잡을 때까지 상대적으로 많은 시간이 걸릴 수도 있고, 경우에 따라서는 다른 사람에게 사업 권한을 넘겨주는 대신 로열티를 받는 방식으로 특허가 활용될 수도 있다. 그래서 개인과 스타트업은 특허 자체가 큰 가치를 가지고 있을수록 오랜 시간을 모방을 막아내 시간을 벌어주고, 사업의 권한을 넘겨받는 기업에서는 다른 대안이 없기 때문에 특허의 값어치를 높게 책정해 더 높은 로열티를 제공하려 할 것이다.

이처럼 개인과 스타트업은 '특허로 독점되는가?'가 충분한 경우에 한해 '돈이 되는가?' 여부가 중요한 의미를 가진다. 그렇다고 '돈이 되는가?'를 무시해도 된다는 말은 아니다. 아무리 좋은 특허라 할지라도 시장성이 없다면 그 특허는 무용지물이다. 개인과 스타트업은 '돈이 되는가?' 여부를 전제 조건으로 검토하되, '특허로 독점되는가?'에 비중을 좀 더 두어야 한다.

특허를 이용해 성공 비즈니스를 한 '김기사 특허'는, 스타트업을 처음 시작하는 입장에서는 '특허 때문에 모방이 불가능하다'는 기능이 크게 작용했다. 시장에 갓 진입한 '김기사'는 소비자들에게 입소문을 타고 자리 잡기까지 일정한 시간이 필요했고, 그 기간 동안 눈치 빠른 대기업이 유사한 서비스를 제공하지 못하도록 특허가 지켜내는 역할이 아주 컸다.

'김기사'는 사용자가 1,000만 명에 이르자 시장성이 충분하다는 것을 입증했다. 이는 곧 '돈이 되는 것'이라는 검증 절차를 밟은 셈이 되고 대기업에서는 기술 가치를 높게 사게 되었다. 결국 '김기사'를 인수한 대기업은 '돈이 되는 것'이라는 점이 인수 여부에 크게 작용했고, '특허로 모방을 막아내는 것'이라는 점에 특별한 가치를 인정해 놀라운 금액에 인수한 것이다.

그렇다면 '김기사'와 마찬가지로 실제 '돈이 되고, 독점이 가능했기에' 성공적으로 비즈니스로 자리 잡은 여러 기업의 다양한 특허 사례들을 확인하면서 성공 비결을 분석해보자.

2

간단한 내용으로도 성공적인 특허 비즈니스가 가능하다:
ARS 전화 인증의 선두 주자 씽크에이티

우리가 흔히 특허라 하면 전문적이고 어려운 내용으로 이뤄질 것이라 생각하기 쉽지만, 실제로 좋은 특허는 간단하지만 획기적인 발상의 전환으로 가능하다. 주식회사 씽크에이티thinkAT는 인터넷 보안이라는 특수 분야에서 간단하지만 기존과 다른 참신한 방식으로 해킹을 방지하는 시스템을 제안함으로써 특허 등록을 넘어 중견 기업으로 성공한 대표 사례다.

지금은 인터넷 뱅킹을 할 때 보편적으로 사용되는 ARS 전화 인증의 선두 주자인 씽크에이티의 장화철 대표는 2006년도에 인터넷 뱅킹을 통해 엉뚱한 계좌로 돈을 빼가는 해커들의 수법을 어떻게 막을까 고민하다가 신기술을 탄생시킬 수 있었다. 해커들은 특정 계좌의 인터넷 뱅킹용 아이디와 비밀번호를 알아내 자신들 계좌로 돈을 빼가는 지극히 간단한 수법을 사용했다. 당시 유수한 보안 회사들이 다양한 해결책을 내놓았지만, 컴퓨터에 해킹 방지 프로그램을 설치해야 하는 등 사용자로서는 복잡하기만 하고 해킹 방지 효과는 미미했다. 특단의 대책을 마련해야 했다.

장화철 대표는 발상의 전환을 했다. 디지털 기술에서 앞서가기 마련인 해커들을 아날로그적인 방법으로 접근해 따돌린다면 어떻게 될까라는 발상은, 인터넷 뱅킹 사용자들이 현재 빈번하게 사용하는 '전화'라는 다소 전통적인 수단을 채택해 인터넷 뱅킹 사고를 예방하는 획기적인 아이디어로 이어졌다.

장화철 대표가 특허 등록을 받고 씽크에이티라는 스타트업을 시작한 신기술 내용은 어찌 보면 단순하다. 당신이 인터넷 뱅킹을 통해 다른 계좌로 송금할 때, 갑자기 당신의 전화가 울린다. "지금 고객님께서 ○○계좌로 ○○원을 송금하는 게 맞으신가요?"라고 ARS 음성으로 질문을 한다. 당신이 직접 인터넷 뱅킹을 하던 중이었다면 당연히 '맞는다'고 확인해줄 것이고, 그러면 이체가 무사히 종료된다. 하지만 해커에 의한 인터넷 뱅킹이었다면 "아니요"라고 확인할 것이고, 그러면 인터넷 뱅킹에 의한 자금 이체는 중단된다. 해커로서는 아무리 첨단 디지털 기법으로 인터넷 뱅킹 시스템을 무력하시키더라도, 계좌 주인의 전화기를 직접 보유하지 않고서는 인터넷 뱅킹을 성공할 수 없게 된다.

씽크에이티에서 특허 제818793호로 특허 등록을 받은 '전화를 이용한 오토콜 시스템 및 그 시스템을 이용한 금융 거래 방법'은 '인터넷과 분리된 전화망을 이용해 별도 채널을 통해 사용자로부터 인증을 받는다'는 간단한 내용으로 구성되어 있다. 하지만 당시 대부분의 보안 특허들이 IP와 맥어드레스MAC address 등과 같이 기술적으로 깊숙하게 접근하던 것과 달리 '전화망을 이용했다'는 참신성이 경쟁 기술들과 차별되면서 오히려 블루오션을 개척한 셈이었고, 특허청에서도 특허 등록을 인정하게 되었다.

한편 이렇게 간단하면서도 획기적인 해킹 방지 시스템으로서 시장성도 충분하다고 판단되었지만, 씽크에이티를 설립하고 시장에서 폭발적인 성과를 내기까지는 다소 시간이 걸렸다. 아무리 좋은 해킹 방지 시스템이라도 이를 받아들여 채택하는 것은 대형 은행들이다. 은행들은 시스템 반영을 위한 추가 비용 부담과 고객들이 새로운 전화 인증 ARS 시스템을 받아들이는 번거로움을 계산해 다소 신중했다.

씽크에이티의 해킹 방지 시스템을 제안받은 은행들은 '왜 굳이 씽크에이티의 서비스를 제공받아야 하느냐? 자체 시스템을 구축해도 되지 않을까?'를 검토했다. 그러자 씽크에이티는 전화 인증을 통한 해킹 방지 시스템의 필요성을 적극 주장하는 한편, 씽크에이티가 여러 특허를 통해 전화 인증 해킹 방지 시스템을 독점 보호받고 있다는 것을 알리는 데 중점을 두었다. 이 과정을 통해 ARS 전화 인증 시스템이 성과를 내기까지 특허로 인해 모방을 막아내 충분한 시간을 확보할 수 있었다.

한편 신문과 텔레비전에서 해킹을 통해 돈을 빼가는 인터넷 뱅킹

국내 금융 기관, 공공 기관, 민수 기관에 점유율 90% 이상을 서비스하는 ARS 전화 인증 전문 기업 씽크에이티

출처: 씽크에이티 홈페이지

금융 사고가 알려지면서 사용자들의 불안감이 커지게 되었다. 은행들은 사용자들을 안심시키기 위해 또 금융 사고의 책임으로부터 자유로워지기 위해 씽크에이티의 'ARS 전화 인증 서비스'를 적극 도입하기에 이르렀다. 사용자들은 전화 인증 서비스를 번거로운 것이 아니라 '안전한 것'이라고 생각하면서 거부감도 확연하게 줄어들었다.

그 결과 씽크에이티의 'ARS 전화 인증 서비스'는 국내 대부분 금융권의 인터넷 뱅킹은 물론 각종 게임 계정의 로그인에 강화된 본인 인증 수단으로 적용되게 되었다. 각 은행들에게 이 서비스가 특허로 견고하게 보호되고 있음을 강조한 결과, 은행들이 자체적으로 시스템을 구축하거나 심지어 다른 경쟁사들로부터 유사한 서비스를 제안받더라도 이를 거부하고 씽크에이티의 전화 인증 서비스만 채택하게 되었다.

씽크에이티가 'ARS 전화 인증 서비스'라는 새로운 시장을 스스로 개척하고 모방 서비스를 막아내면서 대폭 성장한 시장을 거의 독점하다시피 한 것이다.

씽크에이티의 성장은 여기서 멈추지 않았다. 'ARS 전화 인증 서비스'는 인터넷 채널과는 다른 '전화'라는 채널을 이용하므로 '2채널 인증' 방식이라 불린다. 씽크에이티의 장화철 대표는 전화 인증 서비스의 성공에서 2채널 인증이 인터넷 뱅킹을 넘어 다양한 서비스에 다양한 방식으로 적용될 수 있다는 것을 알게 되었다.

서버에 관리자가 접속하려면 별도의 책임자에게 허락받아야 하는 서비스 등에 '전화를 이용한 2채널 인증' 방법을 확장 적용하면서 사업 영역은 무궁무진하게 발전했다. 그 결과 회사 설립 10년 만인 2017년 기준, 씽크에이티는 31건이 넘는 특허를 등록받을 수 있었다. 다양한 서비스 영역에서 '2채널 인증' 서비스를 제공하면서 직원 수만 100여 명에 이르는 최고 권위를 가진 보안 전문 회사로 거듭나게 되었다.

인터넷 금융 보안 전문가인 장화철 대표가 신문팔이 소년에서 'IT(정보 기술) 기업 회장'이 되기까지 경영 스토리를 담담하게 풀어냈다.
출처: 『신문팔이와 회장님』(문화글방 청춘, 2015)

나아가 'ARS 전화 인증 서비스'

를 업계 최초로 제안하고 씽크에이티를 창업한 장화철 대표는 보안 분야의 최고 권위자로 자리매김하면서 현재도 새로운 서비스 분야의 보안 서비스를 확장하고 있다. 우리가 현재 다양한 해킹 수법으로부터 보호받아 자산을 지키고, 생활 속에서 안전하게 생활을 누릴 수 있는 데는 씽크에이티의 간단하지만 획기적인 신기술에 많은 영향을 받았다. 물론 씽크에이티가 이렇게 성장해 새로운 해킹 수법에 대한 대비책을 계속 내어놓을 수 있었던 것은 처음 시작한 '전화 인증 서비스'가 특허로 독점 보호받으면서 시장을 100% 가깝게 차지할 수 있었던 영향이 가장 크다.

3

기능성 신발의 스테디셀러, 특허 하나로 시장을 지켜내다: 나르지오 신발

나르지오에서 기능성 신발을 처음 출시한 시기는 2010년이었다. 웰빙 바람이 불어오면서 사람들의 건강에 대한 관심이 높아졌고, 때맞춰 신발 시장에서도 보행만으로 건강에 유익한 기능성 신발들이 다양하게 출시되었다.

당시 인기를 얻던 기능성 신발로는 마사히 부족의 워킹법을 적용한 것이 있었는데, 대부분의 기능성 신발 특성상 기능성만 강조하다 보니 신발 자체의 모양이 투박했다. 기능성 신발 시장이 성장하던 초기에는 사람들도 '기능성 신발을 신고 있다'는 것을 과시하는 마음이 커서 신발을 드러내고 신었으나, 차츰 신발장 안에 놔두고 꺼내지 않게 되면서 기능성 신발 시장이 위축되었다.

'신발 갑피의 저면에 전후방 밑창이 이격되게 부착되어 있는 신발'로 등록된 듀오 테크 밑창 기술을 보유한 '나르지오'

출처: 나르지오 홈페이지

그즈음 나르지오에서 개발해 출시한 신발은 억지스러운 기능성을 제공하기보다는 자연스러운 보행을 가능하게 하는 말 그대로 '본연의 걷기 기능에 충실한 신발'이었다.

발등을 덮는 갑피와 발바닥에 닿는 밑창으로 구성되는 신발의 일반적인 밑창은 일체형에다 뻣뻣해서 보행 시에 뒤꿈치부터 앞꿈치까지 자연스럽게 바닥에 닿지 않는다. 한마디로 인체 공학적이지 못하다.

이런 점을 보완해 나르지오에서 개발한 특허 제1008344호 '신발 갑피의 저면에 전후방 밑창이 이격되게 부착되어 있는 신발'로 등록된 듀오 테크 밑창 기술은, 신발 밑창을 앞부분과 뒷부분으로 분리해 발의 움직임에 따라 신발이 함께 구부러진다. 장시간을 보행해도 발의 피로도가 상대적으로 적어 자연스럽고 편안한 보행이 가능하다. 이렇게 밑창이 앞뒤쪽으로 분리되어 구성된 점과 이들을 연결하는 부분의 특징을 인정받아 특허 등록이 이뤄졌다. 이 특허 관련 다양한 모델도 독창적 디자인을 인정받아 다수의 디자인 등록까지 완료되었다.

그렇게 출시된 나르지오 신발은 저렴하지 않은데도 직업상 오랜 시간을 걸어야 하는 사람들의 입소문을 타고, '나르자 신발', '김수자 신발', '나비 신발' 등의 닉네임을 단 채 여성 고객 위주로 유명해지게 되었다. 가장 좋은 마케팅은 입소문이라는 것을 증명하듯이 한번 신어본 사람들이 주변 사람들에게 자랑을 하게 되고, 그 얘기를 듣고 직접 체험해보니 주변에 다시금 소개하는 식이었다.

광고를 하지 않았음에도 인지도가 높아지다 보니 다수의 업체들이 나르지오 신발을 모방해 출시하는 일이 벌어졌다. 신발은 고객의 브랜드에 대한 충성도가 높은 편이다. 나르지오 신발은 고유한 디자인 자체가 브랜드로서 식별되는 현상이 있다 보니 신발 형태를 유사하게 모방하는 것이 대부분이었다.

나르지오는 밑창이 앞뒤로 분리된 것에 대한 특허권 침해를 이유로, 그와 병행해 신발 자체의 형상이 나르지오와 유사한 것에 대해 디자인권 침해를 추가 이유로 들면서 모든 모방 제품의 생산과 판매를 중단시키는 노력을 꾸준히 했다.

모방 제품은 상대적으로 영세 업체에서 생산하고 있었다. 대형 업체는 회사의 이미지가 실추되므로 뻔뻔스럽게 모방품을 만드는 경우가 적다. 영세 업체는 이야기가 다르다. 나름의 패스트 팔로어 전략으로 잘 팔리는 업체의 기술과 디자인을 비슷하게 모방한다. 때로는 거의 똑같이 만든다. 이때 나르지오같이 특허권과 디자인권을 잘 정비하고 있으면 지식재산권 침해를 무기로 삼아 영세 업체를 설득하는 데 아주 효율적이다. "지금 모방 제품의 출시를 중단한다면 더는 문제 삼지 않고 눈감아줄 터이니 즉각 침해를 중단하시오." 이렇게 경고를 하는 것만으로도 충분하다.

이러한 노력에 힘입어 나르지오의 신발과 유사해 보이는 모방품들은 시장에서 자리 잡지 못하고 재래시장에서 암암리에 팔리는 정도로 그쳤다. 온라인 판매 행위는 대부분의 포털 사이트와 오픈 마켓의 도움을 얻어 판매가 중단되었다. 포털 사이트와 오픈 마켓은 지식재산권 침해 문제에 대해서는 강력하게 권리자의 편을 들어준다.

한편 웰빙의 열풍이 사라지고 괴상한 외형의 기능성 신발 시장은 더는 소비자들의 선택을 받지 못하는 시대가 되었다. 그러면서 기능성 신발 시장에서 나르지오 신발은 유일하게 주목받는 신발로 남을 수 있게 되었다. 전국적으로 구매 문의가 이어져 매장을 확장한 결과 2017년 현재 110개 이상의 매장이 운영되고 있다.

나르지오는 이러한 결과에 안주하지 않고 유명 MC인 송해 씨를 모델로 영입했다. 매주 일요일에 방송되는 「전국노래자랑」에서 송해 씨는 나르지오 신발을 착용하고 사회를 보고 있다. 송해 씨 말에 따르면, 나르지오 신발을 신고 장시간 녹화를 해보니 편안해 계속 착용하고 있다고 한다.

나르지오가 기능성 신발 시장에서 소리 없는 강자의 자리를 지켜낼

세계 최초 초경량 분리형 바닥을 개발해 발이 편한 신발 '나르지오 워킹화'

수 있었던 이유는 무엇일까? 제품의 퀄리티를 철저히 확보하는 동시에 꾸준한 신모델 출시, 해외 진출까지 열정적인 영업 활동의 결과라고도 할 수 있다. 그리고 무엇보다 핵심 기능을 특허로 보호받는 동시에 다양한 디자인권으로 유사 모방품을 철저하게 막아냈던 것이 시장에서 강자 자리를 흔들리지 않게 해준 원동력이다.

4

새로운 비즈니스의 리스크를 미리 안전하게 점검하다: 산돌커뮤니케이션의 산돌구름

산돌커뮤니케이션은 '산돌고딕체'나 '산돌명조체' 등 다양한 '산돌체'를 개발한 폰트 전문 회사다. 실제로 한글에 대한 강한 애정을 가지고 있으면서 여러 한글 폰트를 개발해 일반 사용자들에게 제공하고 있다. 기업의 의뢰를 받아 새 폰트를 맞춤형으로 개발해주는 서비스도 제공한다. 우리가 광고를 통해 자주 접하는 현대카드의 유명한 한글 폰트 역시 산돌커뮤니케이션에서 제작한 것이다. 산돌커뮤니케이션에서는 지속적으로 새 폰트를 개발해 사용자들에게 제공하는데, 새 폰트를 사용자들에게 매번 제공하는 과정에서 다소의 어려움이 있다는 것을 알게 되었다.

일단 사용자 입장에서 새 폰트를 사용하려면 각 폰트를 담고 있는 서체 파일을 다운로드받아서 컴퓨터에 저장해야 한다. 그런데 보통의 사용자는 새 폰트를 검색해 다운로드받는 과정이 번거롭기도 하거니와, 폰트 종류가 많아지면 저장 용량도 커지므로 여러 프로그램에서 폰트를 자유자재로 사용하는 데 어려움을 겪게 된다. 대다수의 일반 사용자는 한정된 폰트만 저장해 사용할 뿐 새 폰트를 사용하지 못한다.

산돌커뮤니케이션 입장에서는 새 폰트를 개발하더라도 일반 사용자들에게 알리는 데 어려움을 겪게 된다. 새 폰트를 출시했다고 큰돈을 들여서 홍보를 하는 것도 폰트 제공 취지에 맞지 않았다. 또한 수익모델이 마땅하지 않다는 현실적인 어려움에 부딪혔다.

이러한 고민을 일거에 해소하는 획기적인 비즈니스 모델을 개발하기에 이르렀다. 핵심은 '사용자들과 온라인에 연결된 상태에서 실시간으로 폰트를 제공하는 것'이다. '폰트는 한 번 사용자에게 다운로드되면 끝'이라는 기존의 편견을 깨고, 온라인에 접속한 사용자에게 실시간으로 다양한 새 폰트를 제시하고 이를 리얼 타임으로 서버로부터 제공해 사용자의 프로그램에서 구현되도록 했다.

폰트 업계에서는 최초로 시도된 서비스다. 그럼에도 새로운 비즈니스를 시작하기에 앞서 지식재산권 문제는 반드시 짚고 넘어가야 한다. 즉 아무리 최초로 개발하고 서비스를 시작했더라도, 관련된 내용을 다른 사람이 이미 특허권으로 등록받아 보호받고 있다면 심각한 문제다. 큰돈을 들여 서비스를 개발 완료하고 마케팅까지 투자했는데 뒤늦게 특허 침해라는 것이 밝혀진다면 이제껏 들인 돈은 고스란히 손해로 남기 때문이다. 그러므로 새로운 서비스를 기획하는 과정에서 안전 여부를 검증하는 것은 대단히 중요하다.

특허청 키프리스를 통해 관련된 선행 기술을 조사해본 결과, '온라인에서 폰트를 제공하는 기술' 자체는 이미 선행 특허에 의해 알려진 내용이었다. 다행스럽게도 권리가 포기된 상태여서 특허 침해 문제가 발생하지 않았다. 그렇다면 사업화를 진행해도 무리는 없으나 어떤 특징으로 산돌커뮤니케이션만의 보호 장벽을 만들 것인가가 새로운 숙제로 떠올랐다.

산돌커뮤니케이션은 보안 부분에 주목했다. 온라인에서 실시간으로 폰트를 제공하다 보면 사용자가 한 번 제공된 폰트를 계속 오남용하게 됨으로써 실시간으로 제공하는 장점을 무력화하는 것을 막는 것이 큰 숙제였다. 산돌커뮤니케이션은 온라인에 연결된 상태에서 보안 위험을 제거하고 안정적이면서도 지속적으로 서비스를 이용하는 기술 개발을 완료해 특허 제1632942호 '폰트 제공 방법 및 이를 위한 사용자 단말'로 특허 등록을 완료할 수 있게 되었다. 그리고 '산돌구름'이라는 독특한 서비스 명칭을 상표 등록까지 마치고 실제 서비스를 제공했다.

이렇게 개발된 산돌구름 서비스의 결과는 폭발적이었다. 체험판을 무료로 사용 가능한 일반 사용자는 물론 다양한 폰트에 대한 사용 욕구가 큰 디자인 회사나 기업들 입장에서 각 사용자의 컴퓨터에 폰트를 저장하는 번거로움과 저장 용량 제한 없이 실시간으로 폰트를 제공받는다는 데 큰 매력을 느꼈다. 나아가 새로이 개발된 폰트를 바로 소개

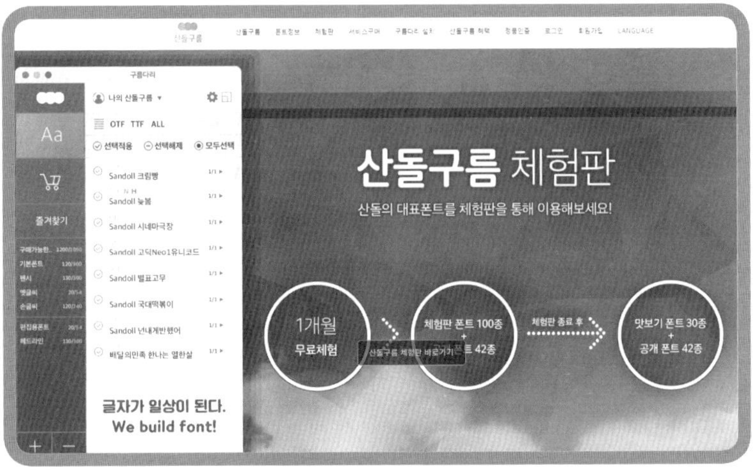

'폰트 제공 방법 및 이를 위한 사용자 단말'로 특허를 등록하고, '산돌구름'이라는 독특한 이름으로 서비스를 제공하는 산돌커뮤니케이션

출처: 산돌커뮤니케이션 홈페이지

받아 적용할 수 있게 되면서 경쟁 회사보다 한발 더 빠른 마케팅이 가능하게 되었다. 산돌커뮤니케이션 입장에서는 고정 사용자가 증가하면서 안정적인 사용료 수입이 가능해지고 사용자의 즉각적인 반응을 확인할 수 있게 되면서 더 나은 폰트를 개발하는 동력이 되었다.

현재 산돌구름에서는 무려 504종의 폰트를 제공하고 수많은 사용자들로부터 12,027,298종의 폰트가 활성화된 상태로 제공되는 등, 폰트에 관련된 새로운 블루오션 서비스를 개척하고 있다고 해도 과언이 아니다. 이렇게 폰트를 온라인에서 실시간으로 제공하는 서비스는 산돌커뮤니케이션의 '산돌구름' 서비스가 대표적이다. 핵심 보안에 관해 특허로 보호받고 있는 덕분에 경쟁사가 쉽게 진입하지 못하기 때문이다. 산돌구름의 추가 장점은 '산돌구름'이라는 쉽고 기억하기 좋은 서비스 명칭이다. '산돌구름'은 또 다른 지식재산권인 상표권으로 등록되어 보호됨으로써 다른 경쟁사에서 유사 명칭을 사용할 수 없다. 상표권은 '제품이나 서비스 명칭을 모방하지 못하게 하는 또 다른 지식재산권'이다. 소비자들이 '산돌구름'을 기억해 이용하고 또 다른 사용자에게 소개하는 과정에서 만들어진 강한 고객 충성심을 독점적으로 보호할 수 있게 된다.

결국 산돌커뮤니케이션은 '온라인에서 실시간으로 폰트를 제공한다'는 신기술을 사업화하는 과정에서 사전 특허 검색을 통해 위험성이 없음을 먼저 확인했다. 그다음에야 안정적으로 비즈니스를 시작할 수 있었으며, 자체 개발된 신기술은 특허로 보호받는 동시에 '산돌구름'이라는 독특한 브랜드 네임을 상표로 보호받음으로써, 다른 경쟁사가 동일한 서비스를 제공하지도 못하거니와 비슷한 이름으로 서비스를 제공하지도 못하게 만드는 2중의 보호 장치를 갖추게 되었다.

우리만의 고유한 한글을 사랑하는 산돌커뮤니케이션의 지속적인 발전이 어디까지 이어질지 관심을 갖고 지켜보자.

산돌커뮤니케이션 사옥 앞에 있는 한글을 이용한 'love' 구조물

5

특허 등록 과정의 어려움을 극복하고 스타트업을 시작하다: 중검단 서비스

청주에서 오토바이 매매상을 운영하는 양승진 대표는 새로운 사업 아이디어를 특허로 등록받는 과정에서 지옥과 천국을 오간 경우다.

오토바이 매매를 하다 보면 중고 매물을 사고팔 때가 적지 않은데, 먼 곳에 있는 오토바이를 기껏 구매했더니 예상했던 것보다 상태가 좋지 않은 경우가 많았다. 그렇다고 오토바이는 자동차보다 구매가가 저렴하다 보니 매번 매물을 구매하러 판매처를 방문할 수도 없었다. 때마침 좋은 아이디어가 떠올랐다. 바로 판매처 근처에 있는 다른 오토바이 전문가에게 진단을 부탁하고 일정 수수료를 지급하는 것이다.

중고 오토바이를 사고파는 시장은 자동차에 비해 규모는 작지만 온라인에서 믿고 중고 매매를 주선하는 대표 서비스가 없던 경우인지라

자신감을 가지고 스타트업에 뛰어들었다.

첫 스타트는 특허였다. 자택에서 가까운 대전 특허청을 방문해 근처의 특허 사무소를 통해서 특허 출원을 했다. 상담 과정에서 훌륭한 아이디어라며 금방이라도 특허 등록이 될 것처럼 이야기하던 변리사는 우선 심사를 신청했음에도 한참이 지나서야 거절 결정서를 내밀었다. 그제야 양승진 대표는 서울까지 찾아와 필자와 상담하게 되었다.

맨 먼저 특허가 거절된 이유를 분석해보았다. 유사한 선행 기술도 문제였지만 실제 특허 출원된 내용이 대단히 엉성했다. 양승진 대표가 중요하게 제안했던 '매물이 있는 곳의 전문가를 통해서 실제 진단을 해본다'는 핵심 내용은 슬그머니 빠져 있었고 중요하지 않은 엉뚱한 내용들로만 특허 명세서가 꾸려졌기 때문에 심사관도 핵심 특징을 파악하지 못하고 거절을 한 것이었다.

문제점을 진단하고 나서 대리인 변경을 통해 필자가 사태 수습에 나섰으나, 문제는 이미 거절 결정이 된 후라는 것이다. 특허가 거절된 상태에서는 보정을 통해 재심사를 신청할 수 있지만, 이때 할 수 있는 보정의 범위라는 것은 대단히 제한적이므로 발명의 핵심 특징을 제대로 살려내는 일이 어려웠다.

하는 수 없이 필자는 2가지 방법을 병행하자고 제안했다. 첫째, 명세서를 최대한 발명의 의도에 가깝게 보정해 재심사를 청구하면서 특허를 1차적으로 확보해놓아야 한다. 둘째, 아쉬운 특허의 보호 범위는 별도의 분할 출원으로 분리해 다시금 심사를 받는다.

일단은 현재 진행되고 있는 특허 절차를 최대한 활용하기로 했다. 재심사 청구 과정에서 허용되는 최대한의 보정을 하면서 기존 특허 서류의 문제점과 의도했던 발명 내용을 의견서로 제출했다. 결국 최소한의 특허 보호가 가능한 특허권을 특허 제1521580호 '평가 과정 생중계에 의해 신뢰성이 확보된 네트워크 기반 전자 상거래 시스템 및 상거래 방법'으로 등록을 받을 수 있었다.

중요한 과정은 그다음이다. 분할 출원 절차는 원래 특허 출원된 내용 중 일부를 분리해 별도 심사를 받는 절차이다 보니, 어쩔 수 없이 처음에 엉뚱하게 특허 출원된 내용을 포함할 수밖에 없었다. 분할 출원 후에 특허 출원 내용을 새로 작성한 보정서를 통해 발명의 핵심 특징을 심사관에게 전달하고, 이후 심사관이 제시한 선행 기술과의 차이점을 의견서에 담아 제출했다. 결국 특허청 심사관은 양승진 대표가 최초 의도했던 '매물이 있는 곳의 전문가를 통해 실제 진단을 해본다'는 핵심 내용이 기존 것과 달리 효과가 있는 특징이라는 것을 인정하고, 특허 제1804124호로 별도의 특허 등록을 받아낼 수 있었다.

양승진 대표는 처음에 거절 결정을 받았을 때는 새로운 사업에 대해 체념했으나, 필자로 대리인을 변경하고 특허 등록을 받자 꿈을 품게 되었다. 처음 받아낸 제1521580호의 특허 등록은 미흡하지만 오토바이 매매 방법에 새로운 가능성을 제시한 것이었다. 이 점에서 용기를 얻은 양승진 대표는 정부에서 운영하는 청년 창업 과정에 지원했고, 특허 등록이라는 결과물에 가산점을 얻어 지원을 받으며 체계적인 스타트

'매물이 있는 곳의 전문가를 통해 실제 진단을 해본다'는 중검단 서비스

출처: 중검단 홈페이지

업 준비를 했다. 그 후 약 2년간의 교육과 준비 기간을 거쳐 '중고 검증단'이라는 의미를 담은 '중검단' 서비스를 오픈하게 되었고, 때맞추어 사업의 핵심을 보호받는 제1804124호의 특허 등록을 받게 되었다.

중검단 서비스는 이제 갓 온라인 서비스를 시작했다. 나름의 독특한 장점이 각종 매스컴을 통해 소개되고 인터뷰 요청이 쇄도하면서 '중검단'은 향후 오토바이 매매를 대표하는 온라인 서비스의 지위를 예약하게 되었다. 다행스럽게도 2차 특허를 등록받는 과정에서 매매 대상을 굳이 오토바이로 한정하지 않고 다양한 물품이 되도록 했다. 그 결과 현재 제공하는 서비스는 오토바이 매매지만, 나중에는 자동차 매매 시장까지 진출할 예정이다.

양승진 대표의 사례는 대리인이 특허 출원을 잘못했을 때 어떻게 유망 사업을 망칠 수 있는지를 여실히 드러낸다. 실제로 필자의 경우에만도 수십 건의 잘못된 특허 사례를 대리인 변경을 통해 제대로 특허 등록으로 유도한 경험이 있다. 다시 한 번 이 지면을 통해서 잘못된 대리인의 행태를 반성하고 더욱 노력하는 대리인이 될 것을 업계에 권하고자 한다.

6

전문가의 전문성을 특허로 증명하다: 송도이플란트치과의원

특허는 좋은 신기술 아이디어와 진취적인 개척 정신을 가지는 스타트업과 중소기업이 비즈니스의 일환으로 접근하기 마련이다. 하지만 나아가 전문성을 가지는 개인도 특허가 본인의 전문성을 보여주는 좋은 성과물이 되기도 한다.

인천 송도에서 '송도이플란트치과의원'을 운영하는 양기빈 원장은 임플란트를 전문으로 시술하는 과정에서 기존 임플란트 시술 과정의 번거로움을 개선하는 방법을 모색했다.

치과 임플란트 시술이란 기존의 치아를 대신해 인공 치아 뿌리를 잇몸 뼈에 심고, 인공 치아 뿌리가 잇몸 뼈에 고정되면 그 위에 인공 치아를 고정하는 2단계를 거친다. 이 과정에서 잇몸을 일단 절개해 인공 치아 뿌리를 잇몸 뼈에 심고 다시금 절개한 잇몸을 봉합하게 되는데, 이때 건강한 잇몸이 손상되기도 한다. 따라서 절개된 잇몸을 봉합하는 동시에 잇몸이 손상되는 문제도 해결할 수 있는 새로운 대안이 필요했다.

양기빈 원장이 제시한 방법은 아주 간단했다. 잇몸 뼈에 고정되는 인공 치아 뿌리의 위쪽에 일종의 '버튼'을 고정해 절개된 잇몸 위로 덮는 것만으로 잇몸이 고정되어 봉합되는 효과를 얻을 수 있었다. 시제품을 만들어 임상 실험을 해보았더니 임플란트 시술이 간편하기도 하거니와 환자의 만족도가 아주 높았다. 게다가 임플란트 주위의 건강한 잇몸을 보존하는 효과가 높아 임플란트의 수명을 늘릴 수 있었다.

양기빈 원장은 필자를 통해 특허 출원을 의뢰했다. 구성은 간단하지만 제대로 발명의 핵심을 설명하려면 임플란트 시술의 전체 과정을 파악해야 하는 까다로움이 뒤따랐다.

특허 등록을 받는 과정에서 그 기술이 속한 분야가 얼마나 특수한 분야인가 여부는 특허 진행 과정에서 얼마나 쉽게 좋은 특허로 만들 수 있느냐와 밀접한 관련이 있다. 치과 임플란트 분야 역시 전문적이고 특수한 분야다. 좋은 아이디어를 내는 사람은 치과 시술을 하는 전문가로 한정되는 대신 그 신기술을 적용받는 대상은 임플란트 시술을 받는 모든 사람으로 확대된다. 따라서 시장성은 높은데도 불구하고 아이디어를 내는 사람이 소수의 치과 전문의이다 보니 상대적으로 기술 경쟁이 덜 치열하다. 임플란트라는 치과 시술이 새로 도입된 것은 불과 최근 일이므로 갓 개척된 새로운 블루오션 분야이기도 하다.

인체를 대상으로 하는 시술이어서 특허 구성은 단순함에도 불구하고 정확한 내용을 전달해 특허로 녹여내는 데는 약간의 어려움이 뒤따랐다. 이런 문제점으로 인해 많은 전문가가 본인만의 기술을 특허로 인정받는 것을 자칫 포기하는 것도 사실이다.

필자는 양기빈 원장의 세미나에 준하는 상세한 설명을 충분히 이해하고자 노력했다. 이 발명이 왜 중요하고 꼭 필요한가를 특허 명세서에 쉽고 풍부하게 기재함으로써 심사관을 이해시킬 수 있었고, 그 덕분에 큰 어려움 없이 특허 등록을 받을 수 있었다.

특허 제955081호로 등록을 받은 '날개부를 구비한 임플란트 치유 지대주'와 특허 제969289호로 등록을 받은 '임플란트 치유 지대주용 버튼 및 날개부를 구비한 임플란트 치유 지대주'는 특허의 청구범위에서 보호받는 내용은 단순해 권리범위를 넓게 인정받게 되었다. 실제로 내용의 필요성이 권리로 인정되려면 전문적인 내용을 일반인도 쉽게 알 수 있도록 풀어서 설명해야만 한다.

한편 양기빈 원장의 신기술이 특허로 등록되면서 유명 임플란트 전문 업체에서 특허 내용의 가치를 알고 사업화를 제안해왔다. 기존 치과 전문의들이 임플란트 시술 과정에서 공통으로 겪는 어려움이었음에도 대안이 없던 차에 상품화된다면 시장성이 높다는 것을 눈치챈 것이다. 양기빈 원장이 기술 전문가 역할을 맡아 '루이버튼'이라는 제품이 출시되었을 때, 시장의 반응은 말 그대로 폭발적이었다.

만일 당신이 치과에서 임플란트 시술을 받는다면 혹 '루이버튼' 제

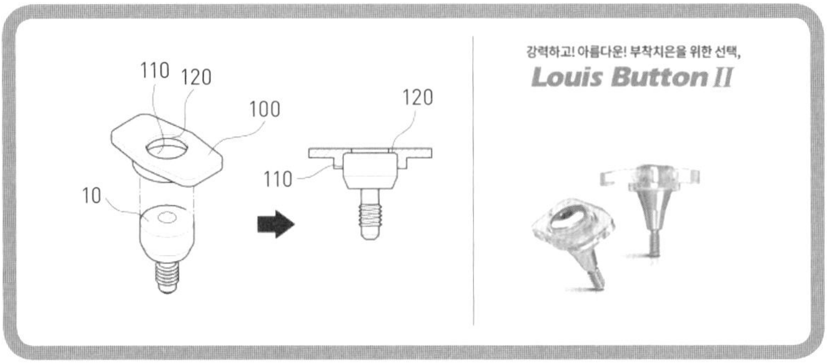

루이버튼 특허 도면과 실제 루이버튼 제품

출처: 덴티스 홈페이지

품을 사용하지 않는지 눈여겨보라. 양기빈 원장이 특허 등록받은 내용은 기술적으로 간단한 내용에 속했으나, 그만큼 치과 전문의들이 쉽게 사용해 좋은 시술 결과를 낼 수 있었기에 여러 치과 병원에서 구매하면서 큰 시장을 확보할 수 있게 되었다.

임플란트 시장은 비교적 최근에 활성화된 시장이다. 시장 규모가 크게 확장하고 있고, 인공 치아 시장부터 시술 관련 소모품까지 신기술이 제시되며 시장이 급속도로 커지는 중이다. 마침 특허 등록된 신기술은 임플란트 업계에서 처음 제안되는 참신한 아이디어여서 특허 보호 범위를 넓게 확보할 수 있었다. 이 점 덕분에 모방품의 원천적인 접근을 차단할 수 있었다. 임플란트 기술은 전 세계에서 시술이 이루어진다. 때문에 이 기술은 대한민국을 넘어 해외에도 특허 출원이 진행되어 10여 개국에서 특허 등록이 되는 쾌거를 이루었다.

무엇보다 특허 등록된 신기술은 임플란트 전문의로서 양기빈 원장

2016년 코엑스에서 개최된 서울국제치과전시회SIDEX에서 세미나 중인 양기빈 원장
출처: 송도이플란트치과 홈페이지

의 전문성을 증명해주었다. 실제로 특허 등록이 이뤄지고 루이버튼의 이름으로 제품이 출시되자 루이버튼을 활용한 임플란트 시술법에 대한 세미나 요청이 쇄도했다. 현재 양기빈 원장은 다른 치과 전문의들을 대상으로 임플란트 시술법 세미나를 10여 년째 진행하고 있으며, 이를 경험한 다른 치과 전문의들로 인해 '루이버튼' 제품 구매가 꾸준히 이어지고 있다.

나아가 '루이버튼을 개발한 임플란트 전문 치과의'라는 사실이 알려지면서 양기빈 원장에게 직접 임플란트 시술을 받고자 하는 환자들이 일부러 송도이플란트치과의원을 찾아오는 경우가 속출한다고 한다. 좋은 신기술 아이디어를 통해서 제품화로 인한 경제적 이득과, 전문의들 사이에서의 명예와, 환자들이 치과에 직접 찾아오는 효과까지 일석삼조의 효과를 거둔 셈이다.

7

글로벌 대기업과 당당히 경쟁하다: 도부라이프텍의 방진 마스크

지금까지 특허 하나로 새로운 비즈니스를 시작해 성공적으로 안착한 여러 사례들을 살펴봤다. 특허는 이제 막 시작하는 비즈니스에만 필요한 것이 아니다. 기존에 존재하던 시장의 틈바구니를 파고들어 나만의 영역을 확장하는 데도 유용하다. 지금 소개하는 도부라이프텍의 경우가 바로 그렇다. 글로벌 대기업이 장악한 시장에서도 특허를 활용해 자사만의 경쟁력을 확보해 비즈니스를 탄탄하게 꾸려가고 있다.

흔히들 마스크 하면 황사 또는 미세 먼지가 빈번한 요즘에 주머니에 넣고 외출할 때 쓰는 1회용 마스크를 생각하기 쉽지만, 실제로 마스크의 큰 시장은 산업용 마스크에 있다. 페인트칠을 하거나 탄광처럼 분진이 대량 발생하는 산업 현장에서는 근로자의 호흡기 건강을 위해 고

성능의 마스크를 지급해야 한다. 마스크는 필터의 유효 수명이 정해져 있어서 일정 시간 동안 사용하면 반드시 필터를 교체해야 한다. 이렇게 주기적인 제품 교체가 필요한 시장은 한 번 진입하면 매출이 안정적이므로 매력 있는 시장이고, 규모도 상상 이상으로 크다.

산업용 마스크 시장에는 진작부터 3M을 비롯한 글로벌 대기업들이 다양한 제품 라인업을 가지고 막강한 영업력을 발휘해 시장을 장악해 왔다. 이 글로벌 대기업들은 당연히 자사 제품을 특허로 강력하게 보호받고 있으므로 다른 기업들이 동일한 제품을 모방해 출시하는 것도 불가능하다. 나아가 납품 받는 입장에서도 다소 비싸더라도 안정적인 정품을 구매하기를 희망하지, 조금 저렴한 제품을 구매했다가 특허 침해로 인한 법적 다툼에 휘말리는 것을 꺼려한다. 때문에 보통의 마스크를 취급하는 작은 기업들은 글로벌 대기업과 경쟁하기보다는 황사 마스크나 미세 먼지 마스크 등의 작은 틈새시장을 겨우 발견해 공략하는 전략을 취할 수밖에 없었다.

하지만 도부라이프텍은 정공법을 택했다. 맨 먼저 글로벌 대기업이 보유한 특허들을 일일이 분석했다. 대기업들의 특허를 침해하지 않는 신제품, 나아가 자체 기술을 채택한 신제품을 출시해 당당하게 글로벌 대기업과 어깨를 겨루는 방식을 채택했다.

2013년 10월 특허 제1317356호로 등록된 '방진 마스크 필터' 역시 그런 노력의 결과물이다. 방진 마스크는 측면의 필터를 통해 분진만 효과적으로 걸러주는 마스크다. 물론 3M이 자체 특허를 보유하고 있었는데, 천과 부직포로 된 필터 내부에서 프레임을 통해 일정한 간격을 벌려주는 구조였다. 도부라이프텍은 3M의 방진 마스크와 관련된 특허를 모두 분석한 결과 어떤 경우에 특허 침해가 되는지, 어떻게 설계를 변경하면 특허 침해가 되지 않는지 꼼꼼하게 파악했다.

단순한 특허 침해 회피에 그치지 않고 기존 제품의 단점을 파악해 이를 보완하는 방법도 함께 고민했다. 기존 제품은 원형 필터의 가장자리를 고무나 실리콘으로 테두리를 만드는 과정이 복잡하고 어렵다는 사실을 발견했다. 이에 대응하는 신기술은 필터 테두리에 링을 착탈식으로 결합해 제조는 간편하고, 테두리 링을 재사용할 수 있었다. 결과적으로 원가가 저렴해지니 가격 경쟁력도 높아졌다.

도부라이프텍은 새 방진 마스크를 국내외 유수의 업체들에 홍보부터 시작했다. 그 후 다른 글로벌 제품들과 시장에서 당당하게 겨룬 결과, 방진 마스크 시장에서 유수의 경쟁을 뚫고 새로운 강자로 등극할 수 있었다. 물론 도부라이프텍의 제품 라인업은 방진 마스크와 방독마스크를 비롯해 방진 방독 겸용 마스크까지 수십여 종이다. 특허받은 방진 마스크 1종만으로 회사 규모가 급성장했다고 할 수는 없다.

1970년에 설립된 이래로 도부라이프텍은 꾸준하게 글로벌 대기업의 특허를 분석해 회피한 다음 자체 기술 개발로 신제품을 출시하는 정석적인 기술 경영 방식을 취해왔다. 현재 350개의 국내 대리점과 4개의 해외 지사를 두고 있다. '2016년 경기 중소기업인대회'에서 산업통상부자원부 장관상을 수상할 만큼 경쟁력을 가지게 된 것은 도부

단순한 특허 침해 회피에 그치지 않고 기존 제품의 단점을 파악해 이를 보완하는 방법도 함께 고민한 '도부라이프텍'

출처: 도부라이프텍 홈페이지

라이프텍만의 기술 경영의 또 다른 결과물이다.

도부라이프텍은 국내 마스크 업체 1위의 책임을 다하기 위해 현재 미세 먼지에 대응하는 마스크를 개발하고 있으니 한번 기대해보자. 1위 업체로서의 노블리스 오블리제noblesse oblige를 실천하기 위해 지역 사회에 황사 마스크를 꾸준하게 기부하는 등 자선 사업을 주기적으로 행하는 것을 필자는 늘 따뜻한 시선으로 바라보고 있다.

지금까지 특허 하나로 비즈니스를 성공적으로 이뤄낸 기업들의 사례를 살펴보았다. 그러면 과연 이런 성공 사례들과 같이 당신도 성공하려면 어떤 아이디어를 제안하고, 어떻게 검토하며, 또 어떻게 보완해서 실제로 훌륭한 신기술로 완성해낼 수 있는지 구체적인 방법을 자세히 알아보자.

4장

HOW TO ②

특허 활용으로 시장 10배 키우기

1

돈이 되고,
독점이 가능한 아이디어를 만들어라

이제 본격적으로 돈이 되는 특허로 어떻게 비즈니스를 성공할 수 있는지 지름길을 살펴보자. 성공의 첫 관문은 좋은 아이디어부터 시작한다. 비즈니스 여건이 아무리 좋더라도 아이디어가 부실하면 성공하기 어렵고, 반대로 아이디어가 좋으면 최소한의 투자와 마케팅으로도 쉽게 성공할 수 있다.

그렇다면 누군가가 좋은 아이디어를 떠올리는 모습을 같이 상상해 보자. 무언가를 골똘히 생각하던 주인공이 손가락을 딱 튕기며 "그래! 바로 이거야!" 하면서 얼굴이 환해지고 미소가 퍼지는 모습을 생각할 수 있다. 이렇게 좋은 아이디어를 떠올리는 모든 과정은 단번에 이뤄지는 것이 아니라 엄밀히 2가지 과정으로 나눠어 완성된다.

아이디어 완성 순서

1단계: [해결 과제] → 2단계: [해결 수단]

첫 과정은 '문제가 있는데'라거나 '더욱 좋게 만들 수는 없을까?'라는 [해결 과제]를 떠올리는 것부터 시작한다. 발명왕 에디슨Thomas Edison이 심심해서 전구를 만들고 전화기를 발명했을까? 에디슨은 사업 과정에서 '초를 대신해 전기로 빛을 밝히는 방법은 없을까'라는 [해결 과제]를 먼저 떠올리고 오랜 연구를 거쳐 전구를 개발하게 되었다. '전기를 이용해 먼 곳에 있는 사람에게 목소리를 들려주는 방법은 없을까?'라는 [해결 과제]를 떠올리고 시행착오를 거쳐 '전화기'를 개발하게 되었다.

비즈니스를 위한 특허는 '이 분야에서 소비자들의 불만이 무엇일까?'를 소비자의 설문 조사를 통해 확인하고 [해결 과제]를 제시하는 것으로 신기술 개발이 시작되는 경우가 많다. 에디슨도 자신의 사업과 관련해 '이 분야에서 소비자들이 필요로 할 만한 것은 무엇일까?'라는 고객의 니즈에 대한 [해결 과제]를 제시하는 것부터 시작했다. 그러면 이를 해결하는 신기술 제품이 출시됨으로써 소비자들 역시 자신들의 불만을 해소시켜주는 제품에 대해 열광적으로 구매하면서 시장에서 성공을 거두게 된다.

두 번째 과정은 이렇게 떠오른 [해결 과제]에 대한 정답인 [해결 수단]을 떠올리는 것으로 아이디어의 완성이 마무리된다. 이때 단순한 [해결 수단]이 아니라 '효과적인' [해결 수단]이 중요하다. 동일한 해결 과제를 해결하는 방법은 참 많고 다양하다. '배가 고프다'라는 [해결 과제]를 생각해보자. 이 과제는 밥이나 빵을 먹어 해결할 수 있고, 포도당 수액을 맞거나 심지어 단식해서 며칠간 익숙해지는 것도 하나의 임시방편이 될 수 있다. 소비자들이 원하는 [해결 과제]를 기술적으로 해결하는 데도 마찬가지다. 소비자들이 해결해주기 원하는 [해결 과제]를 가장 쉽고 저렴하고 효과적으로 해소하는 방법일수록 소비자들은 더욱 열광적으로 반응하므로 더 좋은 비즈니스 성과를 낼 수 있다. 이처럼 좋은 아이디어는 [해결 과제]를 먼저 떠올리고 그 해답으로 '효과적인' [해결 수단]을 제안함으로써 완성된다.

여기서 어떤 [해결 과제]에 대해서 얼마나 효과적인 [해결 수단]을 제안해야 하는가의 방향은 다름 아닌 특허를 이용해 비즈니스로 성공하기 위한 비결과 똑같다. 특허로 비즈니스를 하는 데 성공하기 위한 비결이 '돈이 되는 것'에 대해 '특허로 독점이 가능한 것'임을 기억할 것이다. 사람들이 구매하고 싶어 할 만한 것을 특허를 이용해 독점적으로 지켜냄으로써 시장을 장악하는 것이 바로 비즈니스를 성공적으로 이끄는 비결이다. 마찬가지로 좋은 아이디어의 [해결 과제]는 '잘 팔리는 것'으로 [돈이 되는 해결 과제]가 되어야 하고, [해결 수단]은 '특허로 지켜낼 수 있는 것'으로 [특허로 독점되는 해결 수단]이 되어야 한다.

특허로 비즈니스를 하는 데 성공하기 위한 아이디어 스케치

비즈니스에 강한 특허		아이디어		비즈니스에 강한 아이디어는?
돈이 되는가?	→	해결 과제	→	돈이 되는 해결 과제
독점이 가능한가?	→	해결 수단		특허로 독점되는 해결 수단

특허로 비즈니스에 성공하기 위한 첫 단추는 다름 아닌 [돈이 되는 해결 과제]에 대해 [특허로 독점되는 해결 수단]을 가지는 아이디어를 만들어내는 과정이다.

다만 이들 [해결 과제]와 [해결 수단]이 떠오르는 과정은 항상 엄격하게 2단계로 분리되는 것은 아니다. 개인이나 스타트업의 경우, [해결 과제]와 [해결 수단]이 거의 동시에 떠오르는 경우가 많다. 개인이나 스타트업은 특정 기술 분야에 한정해 해결 과제들을 미리 준비하는 대신, 본인이 생활에서 불편함을 느끼는 순간 바로 이를 [해결 과제]로 제시한다. 만일 그에 대한 [해결 수단]이 거의 동시에 떠오르게 되면 이것이 바로 '아이디어가 순식간에 떠오르는' 상황이다. 이 시점에서 떠올린 [해결 수단]이 특허로 독점 보호받을 수 있을 만큼 독창적이었을 때 바로 '좋은 아이디어'가 되는 것이다.

반대로 대기업은 [해결 과제]를 먼저 제시하고 [해결 수단]을 오랜 시간을 투자해 개발한다. 이때 [해결 과제]는 바로 '돈이 되는 것'으로서 고객의 요구를 받아들인 결과다.

한편 아이디어를 개발하는 사람의 성향에 따라 [해결 과제]에 강점을 보이는 사람이 있는 반면, [해결 수단]에 강점을 가지는 사람도 있다. 실제로 [해결 수단]의 본질인 '돈이 되는가?'는 얼마나 잠재 고객의 마음을 잘 읽었느냐에 관한 문제로 마케팅의 영역에 해당하며, 이는 결국 경영자의 속성이 강하다. 그에 비해 [해결 수단]의 본질인 '특허로 독점되는가?'는 기술적으로 얼마나 잘 해결했느냐에 관한 문제로 엔지니어의 속성이 강하다. 아이디어를 만들어내는 사람이 어떤 속성을 가졌느냐에 의해 아이디어를 개발하는 양상이 달라지기도 한다.

그러면 나는 어떤 타입의 사람인지 체크 리스트에서 한번 확인해보자. 8가지 질문 중 왼쪽 항목과 오른쪽 항목에서 선택한 항목이 몇 개인지 각각 세어보라.

체크 리스트 왼쪽은 엔지니어 성향에 관한 것이고 오른쪽은 경영자

개인 성향 체크 리스트

엔지니어 성향 테스트	체크	경영자 성향 테스트	체크
① 이공계를 나왔다		① 인문계를 나왔다	
② 과학 서적을 좋아한다		② 경영 서적을 좋아한다	
③ 신제품 기능에 관심이 많다		③ 신제품 판매량에 관심이 많다	
④ 얼리어답터에 해당한다		④ 대중적인 제품을 선호한다	
⑤ 관찰력이 좋다		⑤ 통찰력이 좋다	
⑥ 평소 장난감 조립을 많이 했다		⑥ 평소 위인전을 많이 읽었다	
⑦ 비즈니스 롤 모델은 구글이다		⑦ 비즈니스 롤 모델은 아마존이다	
⑧ 비즈니스의 기술력을 중요시한다		⑧ 비즈니스의 매출 결과를 중요시한다	

경영자 성향과 엔지니어 성향 비교

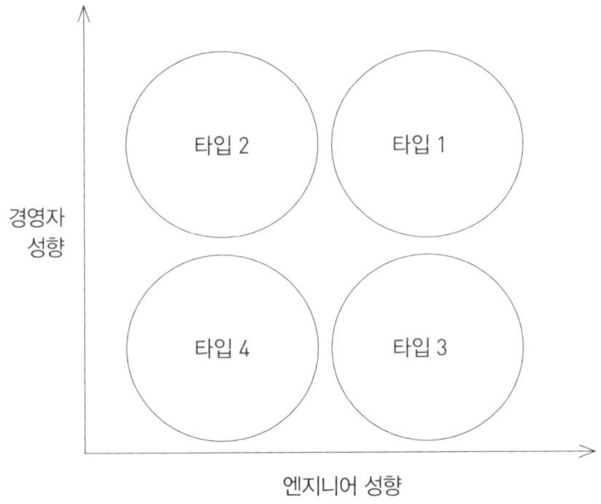

성향에 관한 것이다. 엔지니어 성향과 경영자 성향이 모두 5개를 넘으면 타입 1, 엔지니어 성향은 5개를 넘지 않지만 경영자 성향이 5개를 넘으면 타입 2, 반대로 엔지니어 성향은 5개를 넘는 데 경영자 성향이 5개를 넘지 않으면 타입 3, 두 측면 모두 5개를 넘지 않으면 타입 4에 해당된다.

경영적인 면과 기술적인 면을 두루 자신 있어 하는 '타입 1'의 사람일수록 비즈니스에 강한 아이디어를 쉽게 만들어낸다. 스스로 [돈이 되는 해결 과제]를 동물적인 직감으로 파악하고, 적절한 [특허로 독점되는 해결 수단]을 제안함으로써 좋은 아이디어들을 만들어낸다.

'타입 2'처럼 경영적인 면에서만 강점을 보이는 사람이라면, 시장에서 팔릴 만한 [돈이 되는 해결 과제]는 잘 파악하지만 아이디어로 완성해내지 못해 전전긍긍하기 쉽다. 심지어 기술적으로 해결되지 않는 [해결 과제]를 가지고 몇 년씩 매달리는 바람에 소중한 시간을 낭비하기도 한다. 엔지니어들 사이에 '해결되지 않는 과제'로 알려진 '무한 동력'이 대표 사례다. 무한 동력은 어떤 장비를 한 번 작동하기 시작하면 추가 에너지를 투입하지 않고도 영구적으로 작동하면서 에너지를 만들어내는 장치다. 열역학적으로 불가능하다는 것은 기술에 대해 지식이 있는 사람이라면 누구든 알고 있다. 그럼에도 '이런 장치만 있으면 큰돈이 될 것'이라는 [해결 과제]를 떠올리고 [해결 수단]을 고민하는 사람들이 여전히 많다는 것은 그 사람이 기술적인 조예가 부족하다는 것을 의미한다. 이러한 경영자 타입의 아이디어 개발자는 본인이 제시한 [해결 과제]가 과연 수월하게 해결될 수 있는 것인지, 또 어떤 기술 수단을 통해서 해결이 가능한지 다른 엔지니어의 조언을 구하는 것이 반드시 필요하다.

반대로 기술적인 면에서는 강점을 가지지만 경영적인 측면은 어수룩한 '타입 3'의 개발자는 사람들이 별로 필요로 하지 않는 엉뚱한 [해결 과제]를 가지고 한참을 돈과 시간을 들여 [해결 수단]을 만들어낸다. 이렇게 만들어낸 아이디어는 괜찮아 보이지만 의외로 시장에서 외면당할 가능성이 크다.

엔지니어 타입의 아이디어 개발자의 다른 위험은 본인의 고집을 꺾지 않는다는 것이다. 이들은 보통 주변의 우려스러운 의견에도 불구하

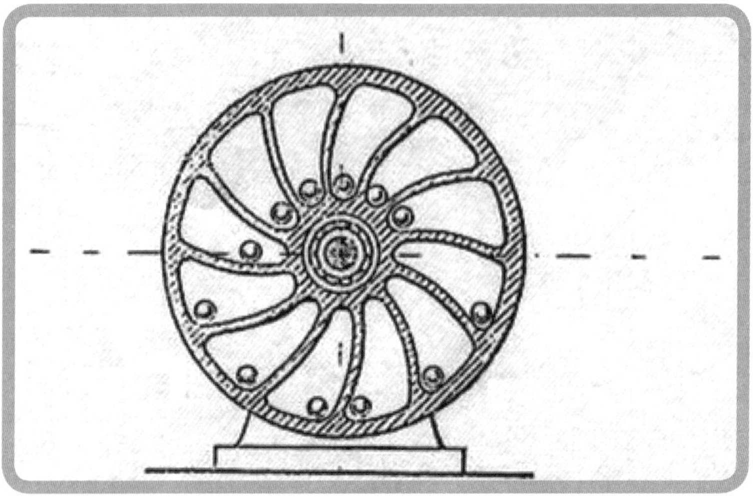

어떤 장비를 한 번 작동하기 시작하면 추가 에너지를 투입하지 않고도 영구적으로 작동하면서 에너지를 만들어낸다는 장치로 알려진 17세기의 '무한 동력 설계도'

고 장인 정신을 발휘하는 것처럼 오랜 시간을 들여 힘들게 아이디어를 끝까지 완성한다. 이들은 자신의 [해결 수단]을 제대로만 만들면 사람들이 본인의 아이디어 가치를 알아봐 줄 것이라는 믿음에서 개발을 밀어붙이기 때문이다. 필자는 이런 엔지니어 타입의 개발자들이 무턱대고 아이디어를 완성해놓고 '특허로 보호받으면 돈이 될 거야'라는 막연한 기대감으로 특허 상담을 하는 경우도 보았다. 그때마다 "돈이 안 될 것 같은 제품이니 특허가 필요한지 다시 생각해보라"고 설득했는데, 이런 타입의 사람이야말로 개발 시작부터 반드시 아이디어가 팔릴 만한 것인지 객관적으로 의견을 청취해보는 것이 불필요한 시간과 에너지의 낭비를 줄이는 지름길이다.

경영적으로도 기술적으로도 부족함이 있는 '타입 4'는, 막연한 꿈을 가진다. 실제로 돈이 되는 시장을 정확하게 짚어내는 데도 어려움을 느끼거니와 어쩌다 정해진 [해결 수단]에 대해 어떤 기술을 채택해야 효과적인 [해결 수단]이 될 수 있을지 해답을 제시하지 못한다. 이런 타입의 개발자가 가지는 가장 큰 문제점은 어쩌다가 완성된 본인의 아이디어에 강한 집착을 보인다는 것이다. 실제로 경영자 타입은 해결 수단이 적절하지 않아서 그렇지 시장성은 좋은 경우가 많고, 엔지니어 타입은 기술적으로는 훌륭하나 실제로 팔리지 않아서 문제가 있을 뿐이다. 그에 비해 타입 4의 개발자는 객관적으로 시장성과 기술 완성도 면에서 부실한 아이디어를 가지고 강한 애착심을 갖는다. 그래서 사업을 무리하게 추진하다가 손해를 많이 보게 된다.

이처럼 아이디어를 개발하는 입장에서는 본인이 '경영자적인 능력'과 '엔지니어적인 능력'을 어느 정도 갖추었는지 생각해보아야 한다. 만일 경영자적인 측면이 부족하다면 본인의 아이디어에서 [해결 과제]가 과연 시장성이 충분한가를 검증해야 한다. 엔지니어적인 측면이 부족하다면 본인의 아이디어에서 [해결 수단]이 효율적이고 더 좋은 대안이 없는가를 검증해야 한다. 이때 부족한 분야에서 조언을 해줄 믿을 만한 전문가를 선정하고 의견을 청취하는 방법도 추천하고 싶다.

2

특허 관리는 아이디어의 핵심을 한 문장으로 표현하는 것으로부터

좋은 아이디어는 소비자들이 원하므로 시장성이 높은 [돈이 되는 해결 과제]에 대해 [특허로 독점되는 해결 수단]을 제공하는 것이다. 앞서 특허 사례로 소개한 '김기사'를 다시 한 번 살펴보자. '김기사'는 스마트폰에서 구동되는 내비게이션 어플 서비스다. 한 번 검색한 곳은 사용자 위치를 중심으로 상대적인 거리와 방향에 따라 벌집 모양으로 배열되고 다음번에 사용할 때 내비 조작이 편리하도록 설정해준다.

'김기사' 서비스를 준비하는 과정에서 록앤올㈜ 개발팀은 '화면이 작은 스마트폰을 내비게이션으로 사용하다 보니, 사용자가 목적지를 더욱 쉽게 선택하는 방법은 없을까?'라는 사용자의 요구를 포착해 [해결 과제]로 떠올리게 되었다. 그리고 '사용자가 검색한 곳을 상대적인

필자의 스마트폰에서 구동되는 김기사 실제 화면

방위와 거리에 따라 벌집 모양으로 자동 생성해 즐겨찾기 화면으로 보여주자'는 결론을 [해결 수단]으로 도출했다.

록앤올㈜ 개발팀은 핵심 특징을 요약해 필자에게 전달했다. 이 내용을 보고 필자는 아이디어의 [해결 과제]가 스마트폰으로 내비게이션 서비스를 사용하면서 겪을 불편함을 해결해줄 수 있다고 파악했다. 나아가 벌집 모양으로 즐거찾기 화면을 보여주는 것이 실제로 유용한 [해결 수단]임을 알 수 있었다. 이 아이디어를 [돈이 되는가?]라는 질문과 [특허로 독점되는가?]라는 질문에 대입한 결과, 긍정적인 결과를 얻었다. 실제 1,000만 명의 사용자를 확보하면서 특허 등록을 거쳐 모방 제품을 지켜낼 수 있었다.

여기서 눈여겨보아야 할 것은 핵심 특징을 정리해 필자에게 보여준

'김기사'의 핵심 아이디어 요약

해결 과제	돈이 되는가?
화면이 작은 스마트폰을 내비게이션으로 사용할 때 사용자가 목적지를 더욱 쉽게 선택할 수 있도록 하기 위해	→ YES '김기사' 명칭으로 1,000만 사용자 확보
해결 수단	**특허로 독점되는가?**
사용자가 검색한 곳을 상대적인 방위와 거리에 따라 벌집 모양으로 자동 생성해 즐겨찾기 화면으로 보여준다	→ YES 벌집 모양에 대한 포괄적인 특허권 확보
아이디어의 핵심 문장	
화면이 작은 스마트폰을 내비게이션으로 사용할 때 사용자가 목적지를 더욱 쉽게 선택할 수 있도록 하기 위해, 사용자가 검색한 곳을 상대적 방위와 거리에 따라 벌집 모양으로 자동 생성해 즐겨찾기 화면으로 보여주는 것이다.	

간단한 문장이다.

일반적으로 아이디어를 개발하는 과정에서는 수많은 내용들이 전체 아이디어에 포함되며, 경우에 따라 방대한 분량의 도면과 설명서 등의 자료까지 담기게 된다. 전체 아이디어 내용이 많아지면 어떤 내용이 핵심인지 정확하게 파악할 수 없게 된다. 마치 깊은 산속에 들어서면 나무가 울창해 산을 보지 못하고 길을 잃는 원리와 같다. 산 정상에 다다르려면 큰 산의 흐름을 읽어야 하듯, 완성된 아이디어의 가치를 제대로 공유하려면 아이디어의 핵심 특징을 명확하게 정리해 이정표같이 활용해야 한다.

이는 특허를 등록받기 위한 요건과도 관련 있다. 특허청은 신기술 아이디어가 새롭다고 모두 특허로 인정하지 않는다. 기존의 특허와 조금이라도 다른 새로운 기술이랍시고 모든 신기술 아이디어를 특허로 인정하면, 전 세계의 모든 기술이 특허로 인정되면서 아무도 신제품을 출시할 수 없게 된다. 특허청은 기존에 알려진 기술들보다 '월등하게 진보된' 기술만 특허로 인정한다. '월등하게 진보된' 기술이란 신기술 아이디어에서 '오! 놀라운데? 획기적이야!'라고 여겨질 단 하나의 핵심 기술이 특허로 인정받는 데 핵심 역할을 하게 된다.

신기술 아이디어를 구성하는 디테일한 부분은 특허를 받는 과정에서 그다지 큰 역할을 하지 못한다. 오직 '단 하나의 큰 핵심 특징'에 집중해 이를 토대로 기존에 알려진 기술들보다 얼마나 차별되고 진보되었는지를 판단하는 것이 더욱 중요하다. 이렇게 '단 하나의 큰 핵심 특징'을 추출하려면 말 그대로 신기술 아이디어의 핵심 특징을 [해결 과제]와 [해결 수단] 2가지 항목에 근거해 명확하게 정리해야 한다.

신기술 아이디어의 핵심 특징을 하나의 문장으로 정리하면 아이디어 개발자 스스로가 핵심 특징을 파악하는 데 도움이 되거니와, 아이디어를 공유할 사람에게 전달하는 데도 효율적이다.

그러면 3장의 각 사례에서 필자에게 제시한 핵심 특징을 살펴보자.

> 인터넷 뱅킹을 하는 과정에서 해킹으로 인해 엉뚱한 계좌로 송금되는 것을 막기 위해, 실제 계좌 주인이 보유한 전화기로 전화를 걸어 인터넷 뱅킹의 진정성을 확인받는 것
>
> — 씽크에이티의 ARS 전화 인증

신발을 착용한 상태에서 보행 중 발바닥이 땅에 닿는 과정이 자연스럽고 편안하도록, 신발 밑창을 앞부분과 뒷부분으로 분리하고 부드러운 소재로 연결하는 것

— 나르지오의 밑창 분리형 신발

사용자가 새 폰트를 일일이 다운로드받아 활성화하는 불편함을 줄이면서 부정을 방지하기 위해, 사용자가 보안이 적용된 온라인 상태에서 원하는 폰트를 실시간으로 제공받는 것

— 산돌커뮤니케이션의 산돌구름

원격에 있는 매물의 상태를 정확히 판단하기 위해, 매물과 가까이 있는 전문가로 하여금 해당 매물의 진단을 실시간으로 원격 요청하고 수수료를 지급하는 것

— 중검단 서비스

임플란트 시술 과정에서 절개된 잇몸을 봉합했다가 다시 절개하는 고통과 번거로움을 해소하기 위해, 절개된 잇몸에 날개가 있는 버튼을 고정해 절개부를 고정하는 것

— 이플란트치과의원

천이나 부직포로 된 방진 마스크의 필터 제작비를 줄이고 제조 공정을 간

소화하기 위해, 링 형상을 필터 테두리에 착탈식으로 고정해 제조하는 것

— 도부라이프텍의 방진 마스크

이처럼 신기술 아이디어의 핵심 특징을 [돈이 되는 해결 과제인가?]와 [특허로 독점 가능한 해결 수단인가?] 2가지 항목으로 나눠 한 문장으로 정리하는 것은 특허를 넘어서 사업화 과정에서 반드시 필요하다.

'엘리베이터 스피치Elevator Speech'라는 것이 있다. 엘리베이터를 타고서부터 내릴 때까지 약 60초 이내의 짧은 시간 안에 투자자의 마음을 사로잡을 수 있어야 함을 가리키는 말로, 할리우드 영화감독들 사이에서 비롯됐다. 당신이 새로운 비즈니스 계획이 있는데 대기업 회장의 사업 투자를 받고 싶다고 해보자. 회사 지하 주차장에 오랫동안 기다리다가 회장이 차에서 내려 엘리베이터에 타는 순간, 갑자기 엘리베이터에 동승했다. 회장은 당신이 누군지 모르지만 당신은 엘리베이터에 같이 탄 그 짧은 순간에 당신의 비즈니스 장점을 어필하고 관심을 끌어야 한다.

"안녕하세요? 저로 말씀드릴 것 같으면 어느 연구소에서 15년간 이 분야를 연구해왔습니다." 자기소개만 하다가 당신은 회장의 수행원에 의해 1층 현관에서 등이 떠밀려질 것이다.

차라리 강렬하게 회장의 흥미를 끌어본다면 어떨까?

"혹시 이러저러할 때 이러저러한 불편함 경험한 적 있으시죠? 제가 그 불편함을 쉽게 해결할 방법을 찾아냈습니다. 관심 있으시면 소개할

시간을 허락하시겠습니까? 30초면 됩니다."

만일 회장이 당신이 제안한 [해결 과제]에 관심이 있다면 건물 최상층에 있는 회장실까지 엘리베이터가 도착할 30초의 시간을 당신에게 허락할 것이다. 그렇다면 당신은 30초 이내에 당신만의 효과적인 [해결 수단]을 전달하면 된다. 이렇게 단 30초의 한정된 시간에 다른 이들로 하여금 관심을 끌고 필요성을 공감받을 수 있도록 핵심 특징을 임팩트 있게 전달하는 방법이 바로 '엘리베이터 스피치'다.

신기술 아이디어도 마찬가지다. 당신의 비즈니스와 관련된 누구에게나 당신의 신기술 아이디어에 대한 핵심 특징을 한 문장으로 쉽게 전달하게 될수록 당신의 아이디어 가치는 더 높게 판단될 것이다. 그런 이유로 당신이 신기술 아이디어를 완성했다면 반드시 [해결 과제]와 [해결 수단]이 담긴 '핵심 특징을 한 문장'으로 작성해보라.

그리고 아이디어의 핵심 특징을 한 문장으로 작성했다면 특허청 빅데이터를 활용해 [돈이 되는가?]와 [특허로 독점되는가?]를 검증하면 된다. 당신의 아이디어 완성도는 더욱 단단해질 것이다.

3

돈이 되는가: 특허 빅 데이터로부터 아이디어의 시장성을 검증하는 방법

아이디어의 핵심 특징을 한 문장으로 명확하게 정리했다면 이제 아이디어가 어떤 위치에 놓여 있는지 경쟁 기술들의 동향을 특허 빅 데이터로부터 확인해볼 차례다. 특허 빅 데이터는 2장에서 설명한 것처럼 특허청의 정보 제공 사이트인 키프리스www.kipris.or.kr에서 회원 가입 없이 무제한 무료로 제공받을 수 있다.

특허 빅 데이터는 당신의 아이디어가 속한 기술 분야에서 얼마나 오랜 기간에 걸쳐 얼마나 많은 경쟁 기술들이 제안되어왔는지, 특히 최근에는 어떤 기술들이 경쟁하고 있어서 나의 아이디어에 영향을 줄 것인지를 보여준다.

특허 빅 데이터를 분석하는 것만으로도 해당 기술 분야의 시장이 얼마나 오랫동안 경쟁해왔는지에 관한 '기술의 역사'와 더불어, 얼마나 많은 기술들이 경쟁하고 있는지에 관한 '기술의 경쟁 정도'를 쉽게 가늠할 수 있다. 물론 아무리 경쟁이 치열한 기술 분야라 하더라도 획기적인 신기술 아이디어라면 그런 경쟁이 무색하게 새로운 블루오션을 창출할 수는 있다. 하지만 최근에 새로이 시작된 기술 분야이고 경쟁이 덜 치열할수록 더 높은 시장성을 가지고 있음을 확인하는 것은 매우 중요하다.

이제부터 구체적인 시장성을 확인하는 방법을 '김기사'를 사례로 들어 확인해보자. 먼저 '김기사'가 속하는 기술 분야의 대략적인 기술 개발 흐름과 경쟁 기술 현황은 일반 검색을 통해 확인할 수 있다. 매립형 내비게이션과 차별화되는 '스마트폰'을 위한 내비게이션이므로 키프리스 검색창에 '스마트'와 '내비'를 복합 검색하고(1), 출원 일자 오름 순으로 정렬하면(2), 비교적 최신인 1997년도부터(3), 오직 881건의 특허 기술이 존재(4)한다.

이 경쟁 기술의 수치가 어떤 의미를 가지는지 일반 기술인 '볼펜'의 빅 데이터 수치와 비교해보자. 동일 방식으로 키프리스에서 볼펜의 선행 기술을 검색한 결과, 1958년도부터 7,000여 건 이상이 발견된다. 즉 볼펜은 약 60년에 걸쳐서 7,000건이 누적적으로 치열하게 경쟁해온 데 비해, 스마트폰 내비게이션과 직간접적으로 관련된 기술은 상대적으로 짧은 20여 년에 걸쳐 881건만이 경쟁했다. 그렇다면 기간적으로도 3분의 1이 안 되는 최근에 특허 경쟁이 이뤄진 것으로 볼 수 있

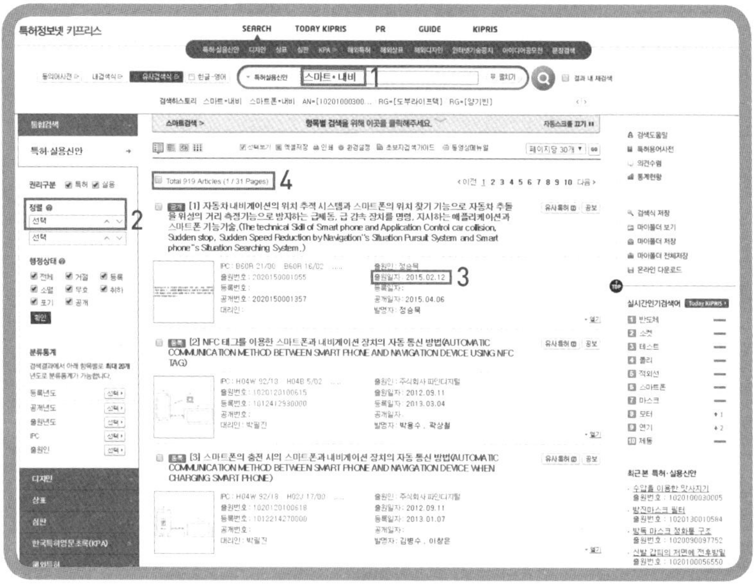

키프리스 일반 검색 결과를 통해서 기술의 시장성을 파악할 수 있다.

고, 최근 10년간 경쟁 기술의 숫자도 4분의 1의 적은 기술이 경쟁하고 있는 것이다. 스마트폰 내비게이션 관련 기술은 볼펜에 비해 상대적으로 덜 치열한 경쟁에서 보다 쉽게 주목받을 것이라는 예측이 가능하다.

이번에는 조금 더 정밀하게 최신 경쟁 기술 위주로 파악해보자. 만일 당신이 신기술 아이디어를 개발했고 핵심 특징을 문장으로 정리했다면 그중에서 '무엇을'에 대한 핵심 특징을 정리한 [해결 과제] 부분을 활용해 그 기술 분야의 시장성을 쉽게 확인할 수 있다. 보다 정밀한 기술 분야의 파악을 위해 모바일이 아닌 PC에서 키프리스에 접속할 것을 추천한다. PC 버전의 키프리스에서는 '스마트 검색'이라고 해서 상세 검색

정밀한 시장성 확인은 스마트 검색을 통해서 가능하다.

설정을 할 수 있는 환경을 제공한다. 스마트 검색에서 '초록(AB)' 부분에 별표(*)를 이용해 [해결 과제]의 중요한 키워드를 입력하면 된다.

'김기사(카카오내비)'의 [해결 과제]는 [화면이 작은 스마트폰을 내비게이션으로 사용할 때 사용자가 목적지를 더욱 쉽게 선택할 수 있도록 하기 위해]서다. 이처럼 명확하게 정리한 [해결 과제]에서 가장 중요한 키워드를 조합해 검색하면 관련 기술의 동향과 이력을 쉽게 확인할 수 있다. '김기사'는 '스마트폰'과 '내비게이션'을 키워드로 '초록(AB)'란에서 검색했을 때 더욱 정밀한 경쟁 기술 분석 결과를 확인할 수 있다. 굳이 '초록(AB)'란에서 검색하는 이유는 '스마트폰'과 '내비게이션'

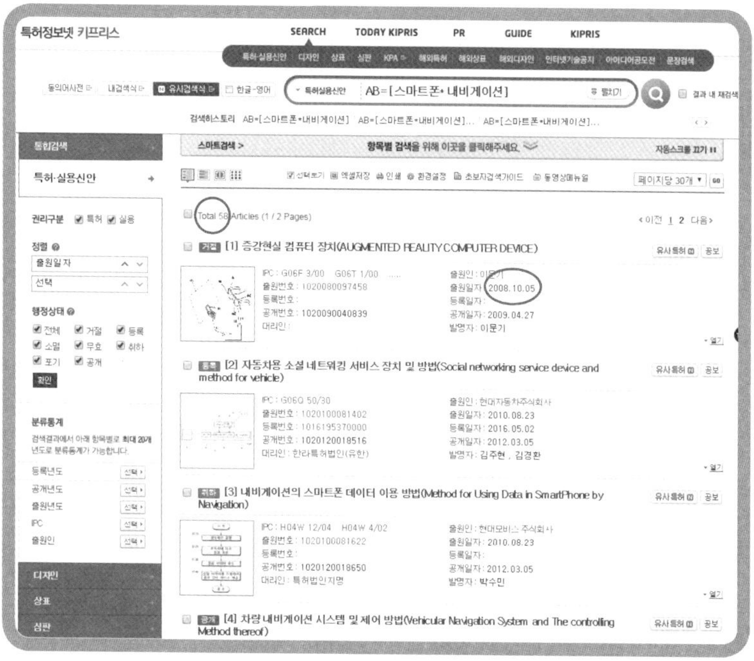

'김기사 내비'의 스마트 검색 결과 오직 58건만 발견된다.

이 경쟁 기술들의 핵심 특징에 연관된 경우 일종의 요약서인 '초록'에 담겨 있을 가능성이 높기 때문이다. 한편으로는 검색 결과의 정밀도를 높이기 위해서다.

'초록(AB)'란 검색을 통해 스마트폰을 이용한 내비게이션과 연관성이 높은 기술들만 검색한 결과, 경쟁하는 기술이 58건인 것으로 확인되었다. 그렇다면 '김기사'는 상대적으로 10년도 안 된 2008년부터 오직 58건의 기술들만 경쟁하고 있었다는 말이 된다.

이 결과는 '김기사'의 신기술 아이디어는 볼펜같이 이미 기술 경쟁이 오래되고 경쟁 기술이 난립하는 레드오션은 아니지만, 그렇다고 기술 경쟁 면에서 고립된 새로운 개념은 아니라는 것을 보여준다. 따라서 '김기사'의 신기술 아이디어는 최근에 발견되기 시작한 '금맥'의 연장선이라고 볼 수 있다. 한마디로 자체 기술의 포지셔닝만 좋다면 시장성이 충분하다.

살펴본 것처럼 신기술 아이디어의 시장성은 어떤 목적을 이루기 위한 것이냐에 관한 [해결 과제]를 활용하고 특허 빅 데이터를 통해 경쟁 기술을 분석한 다음 얼마나 오래되고 얼마나 경쟁이 치열하는가를 예측할 수 있다. 그리고 시장성을 확인하는 과정에서 [해결 과제] 자체가 사람들이 해결을 절실하게 원하는가? 내지는 잘 팔리겠는가? 같은 '돈이 되는가?'에 대한 면에서의 전제가 중요하다는 것을 확인했다.

그러니 당신의 신기술 아이디어에서 [해결 과제]가 무엇인지를 먼저 확인하고, 특허 빅 데이터를 이용해 당신의 신기술이 얼마나 경쟁이 치열한 상황에 놓여 있는지 시장성이 있는지 확인해보기를 바란다.

4

특허로 독점되는가: 유사 선행 특허 분석으로 독점 가능성을 판단하라

특허 빅 데이터 분석을 통해 당신의 아이디어가 비교적 최신 기술이고 경쟁하는 기술의 숫자가 적다면 시장성이 대단히 좋다는 것을 의미한다. 하지만 어디까지나 '돈이 되는가?'의 시장성에 대한 대략적인 방향성에 불과하다. 즉 경쟁 기술들이 얼마나 있어서 나의 아이디어가 충분히 돋보일 수 있는가에 대한 가늠에 불과하며, 실제로 내 아이디어가 얼마나 좋은 가치를 가지고 있는가에 대한 답변은 아직은 아니다.

내 아이디어의 실제적 가치가 얼마나 되는지를 발견된 경쟁 기술들과 다시금 일일이 비교해 [특허로 독점되는가?]를 확인하는 과정이 남아 있다.

특허로 독점권을 인정받으려면 기존에 알려진 기술들과 조금 달라서는 안 된다. 상당히 달라야만 인정된다. 그렇다면 공개된 특허들을 분석한 결과, 동일 기술 분야에서 나의 아이디어와 상당히 유사한 선행 기술이 존재한다면 특허는 인정받을 수 없다는 것을 의미한다. 그래서 '나의 아이디어가 시장성이 있는가?'라는 것을 확인했다면, 그다음 단계에서는 나와 유사한 선행 기술들을 분석하고 나의 아이디어가 과연 독창성이 충분한지 다른 선행 기술들과의 거리가 충분해 독점성을 인정받을 수 있는지를 확인해야 한다.

이 단계는 당신이 문장으로 정리한 핵심 특징 중 [해결 수단]을 활용하면 된다. [해결 수단]은 [해결 과제]를 이루기 위해 어떤 수단으로 해결했는지, 즉 '어떻게'에 대한 핵심 특징을 작성한 것이다. [해결 수단]에 정리된 내용이 바로 내 아이디어를 다른 경쟁 기술과 차별화되도록 하는 내용이므로, 이를 다른 경쟁 기술과 비교하면 된다.

'김기사'의 경우 [해결 수단]이 [사용자가 검색한 곳을 벌집 모양으로 자동 생성해 즐겨찾기 화면으로 보여주는 것]이었다. 키프리스에서 [해결 과제]에 사용된 키워드 조합을 통해 '김기사'와 유사한 경쟁 기술이 58건 있었는데, 다음 단계에서 나의 [해결 수단]에 사용된 키워드인 '스마트폰, 내비게이션, 즐겨찾기' 등의 단어를 포함하고 있는 선행 기술들에 주목하고 각각의 기술들에 담긴 내용을 정확히 파악하는 과정을 거쳤다. 즉 '김기사'와 연관성이 높아 보이는 기술(먼저 알려진 기술이라고 해 '선행 기술'이라 부른다)에 담긴 내용을 상세하게 확인하고, '김기사'와 유사한 선행 기술이 없다는 것을 확인했다. 결과적으로

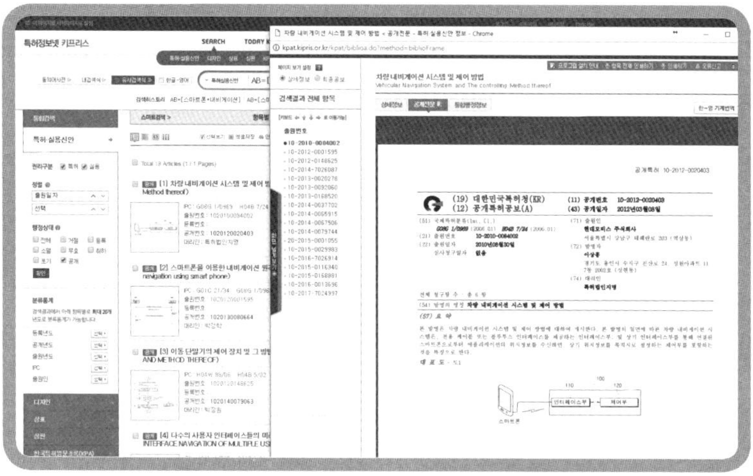

키프리스에서 '김기사' 관련 [해결 수단]에 사용된 키워드인 '스마트폰, 내비게이션, 즐겨찾기' 등의 단어를 검색하고 있다.

'김기사' 내용은 독자적인 특허 보호가 가능했다.

이 과정은 상당히 중요하다. 만일 연관성이 높아 보이는 선행 기술들이라면 시간을 들여서라도 꼼꼼하게 살펴보아야 한다. 100건의 선행 기술이 있는데 그중에서 나의 아이디어와 동일한 선행 기술이 1건이 숨어 있다면, 99건은 살펴보고 가장 중요한 1건을 미처 살피지 않아 99건의 노력이 물거품이 될 수 있기 때문이다.

최근에 반짝 등장했다가 사라진 대왕카스텔라를 기억할 것이다. 대왕카스텔라는 어느 날 갑자기 TV 전파를 다고 마케팅 열풍에 휩싸여 수도권을 중심으로 우후죽순 불어나며 카스텔라 열풍을 일으켰다. 소자본으로 창업할 수 있었던 대왕카스텔라는 유사 브랜드가 난립하게

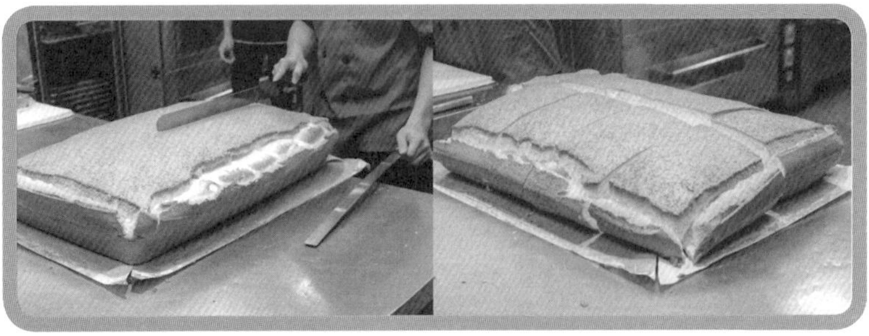

선행 기술이 존재해 특허 독점권을 인정받지 못한 대왕카스텔라

되면서 인기 열풍이 식어버렸다. 대왕카스텔라는 대만 지역에서 나름대로 이미 알려진 음식이었기에 일종의 선행 기술이 존재하던 셈이라서 국내에 들여온 그 누구도 특허 독점권을 인정받지 못했다. 결국 모방을 방지하지 못한 이유만으로 수십 개의 미투 브랜드me too brand가 난립하면서 국내에서 최초로 시장을 개척해 유행시킨 대표 브랜드마저 실패하게 되었다.

2장에서 살펴본 '오리뼈우거지탕' 사례처럼 음식 특허를 받을 수 있었다면, 카스텔라 시장은 어떻게 되었을까? 오리뼈우거지탕의 잡내를 없애는 제조법은 기존의 선행 기술들이 없었기 때문에 특허로 보호받을 수 있었고, 유사 브랜드를 막아낼 수 있어 현재도 모방하는 매장이 없다. 만일에 대왕카스텔라가 선행 기술이 없어서 특허로 보호받을 수 있었더라면 시장 상황은 지금과 사뭇 달랐을 것이다.

따라서 우리는 충분한 시간을 들여서 최대한 꼼꼼하게 선행 기술을 사전에 검토해야 한다는 사실을 알 수 있다. 즉 '내 신기술 아이디어로 사업하는 데 혹 걸림돌은 없는가'라는 측면에서 모방에 따른 비즈니스 리스크를 없앤다는 생각으로 말이다. 유사 선행 기술이 상당하다면 나의 아이디어로 비즈니스를 진행하는 것이 타당한지 원점에서 검토하는 것이 바람직하다.

스타트업의 생명은 특허로 후발 기업의 모방 제품을 막아내 일정 기간 시장을 독점하는 것이다. 그런데 유사 선행 기술이 있어 특허 보호를 받지 못한다면 아무런 보호 장비 없이 맨몸으로 불구덩이에 뛰어드는 것과 다를 바 없다. 대기업같이 대규모 자본과 마케팅이 가능하다면 몰라도, 스타트업은 특허로 보호될 수 없다면 비즈니스 자체를 포기하고 차라리 특허로 보호될 수 있는 다른 아이디어를 발굴하는 것이 더 낫다.

키프리스에서 검색된 선행 기술 목록에서 유사한 경쟁 기술이 있는지, 각 선행 기술이 나의 신기술 아이디어와 얼마나 유사한지 확인하려면 각 선행 기술의 내용을 일일이 확인해야 한다. 검토 과정에서 다음 몇 가지 사항을 참고하기 바란다.

(1) 각 특허 기술의 제목에서 '기술 분야'가 실제로 비슷한지 확인하라.

의외로 제목부터 관련성 없는 특허 기술이 상당하므로 일일이 특허 기술의 내용을 확인하는 수고를 덜어줄 것이다. 키프리스는 일종의 '장바구니' 같은 '선택 보기' 기능을 제공한다. 선행 기술의 내용을 대략 확인해 관련성 없는 기술 분야의 선행 기술을 제외하고 선택된 특허 기술만 집중적으로 보는 것도 추천하고 싶다.

(2) 각 특허 기술의 제목을 클릭했을 때 처음 나오는 '상세 정보' 중 '초록(AB)' 내용으로 대략 특허 기술의 내용을 파악하라.

'초록(AB)'은 특허 출원하는 사람이 '이 특허 출원에는 이런 내용이 담겨 있습니다'라고 요약한 부분이다. 대강의 특허 기술 내용이 무엇인지 알 수 있다.

(3) 꽤 유사성이 있어 보이는 특허 기술 내용은 바로 옆의 '공개 공보(또는 특허 공보)'를 클릭하고 전체 내용을 꼼꼼히 읽어라.

특허 출원 문서의 내용은 상당히 어렵다. 그래도 문서 중간 부분에 '발명 내용'부터는 쉽게 읽을 수 있을 것이다. 혹시 나의 아이디어와 [해결 과제]가 비슷하고 [해결 수단]이 유사한지를 시간을 들여 살펴보기 바란다.

(4) 살펴본 특허 기술 내용이 나의 아이디어와 유사하다면, '공개 공보(또는 특허 공보)'의 앞부분으로 돌아와 '특허 청구범위' 중 '청구항 1항'을 꼼꼼히 읽어보고 변리사와 상의하라.

만일 여기에 적힌 내용이 당신의 아이디어와 유사하다면 큰 문제다. 근처에서 당신의 독점권을 인정받지 못하는 것을 넘어 영역을 침해했

'김기사'를 통해본 특허 빅 데이터 활용법 요약

해결 과제	돈이 되는가?	
화면이 작은 스마트폰을 내비게이션으로 사용할 때 사용자가 목적지를 더 욱 쉽게 선택할 수 있도록 하기 위해	•최근 10년 이내에 개발된 기술 •오직 76건의 적은 경쟁 기술	시장성 높음
효과적인 해결 수단	**특허로 독점되는가?**	
사용자가 검색한 곳을 상대적인 방위와 거리에 따라 벌집 모양으로 자동 생성해 즐겨찾기 화면으로 보여준다	•경쟁 기술의 유사도가 낮음 •심사 과정에서 차별성 인정	특허 독점 가능

다고 특허 침해 문제를 삼을 수 있다. 궁극적으로 당신이 비즈니스를 포기해야 한다는 의미와 직결된다.

이처럼 유사도가 높은 선행 기술들을 꼼꼼히 발견하고 충분히 분석하라. 이 과정은 다소 지루할 수도 있다. 그러나 충분히 확인해 당신의 아이디어가 모든 경쟁 기술과 다르다는 확신을 얻는다면 그것이 바로 [특허로 보호받을 만한 것인가?]에 대한 해답이 될 것이다.

특허 빅 데이터 활용법을 정리해보자. 당신이 아이디어를 가지고 있다면 핵심 특징을 [해결 과제]와 [해결 수단]으로 나누고 명확하게 정리해야 한다. 그다음 [해결 과제]를 활용해 관련 경쟁 기술의 이력과 숫자로 대략적인 시장성을 확인한다. 이렇게 확인되는 것이 [돈이 되는가?]에 대한 해답이다.

다음으로 [해결 수단]을 활용해 유사성이 있는 경쟁 기술이 있는지 일일이 확인해야 한다. 이 과정에서 독창적이라는 결론이 나온다면 그

것이 바로 [특허로 독점되는가?]에 대한 해답이다.

당신이 아이디어를 가지고 있다면 [해결 과제]와 [해결 수단]을 통해 각각 [돈이 되는가?]와 [특허로 독점되는가?]를 확인하라.

그 해답이 모두 'YES'라면 당신은 좋은 아이디어를 손에 넣은 것이다. '김기사'가 1,000만 사용자를 확보하고, 경쟁자의 모방을 지켜낼 수 있었던 이유는 아이디어 단계부터 충분히 예견되어 있었다.

5

다른 사람에게 이미 선점된 아이디어라면 어떻게 해야 하는가

시장성이 충분하고, 발견된 선행 기술들이 나의 신기술과 차이점이 있어 특허 등록이 가능하다면 정말 좋은 소식이다. 하지만 때에 따라서는 생각지도 못하게 나의 아이디어와 유사한 선행 기술들이 발견되기도 한다. 힘들여 아이디어를 완성했는데 유사한 선행 기술이 있음을 뒤늦게 알고 나면 대부분은 허탈해지기 마련이다. 이 경우 공통적으로 필자에게 해오는 질문이 있다.

"실제 제품으로 나온 게 없어서 특허도 없는 줄 알았어요. 왜 특허로 기껏 내놓고 제품화하지 않았을까요?"

이렇게 생각해보자. 당신이 아이디어를 만들었다고 모두 특허 출원을 하는 것은 아니잖은가. 특허 출원을 했다고 모두 제품으로 만들어 비즈니스화하는 것은 아니잖은가.

아이디어에서 특허 출원에 이르는 것은 아마도 일부일 것이다. 실제 통계에 의하면 특허 출원 아이디어 중 사업화한 것은 10% 미만이라고 한다. 결국 특허 출원이 되었더라도 실제 시장에서 제품으로 만나볼 가능성은 낮다. 뒤집어 말하면 특허청 데이터에는 우리가 상상할 수 없는 방대한 내용이 담겨 있어 당신의 아이디어와 유사한 선행 기술이 존재할 가능성은 언제나 존재한다.

그러면 아이디어 점검 과정에서 나의 [해결 수단]이 선행 기술에 의해 이미 선점된 경우, 어떻게 해야 하는가. 선행 기술에 의해 선점되었다는 것은 엄밀히 다음 2가지 중 하나를 의미한다.

(1) 선행 기술 내용 중 유사한 내용이 포함된 경우

특허로 독점권을 인정받으려면 '이미 알려진 것이 아니'어야 한다. 따라서 선행 기술 내용 중 우연히 나의 아이디어와 같거나 유사한 내용이 있다면, 다른 사람에 의해 이미 알려진 것이니 독점권을 인정받을 수 없다.

하지만 어디까지나 '그 내용으로 특허를 받을 수는 없지만, 그 내용은 사용할 수 있다'는 것을 의미한다. 이 경우에는 선행 기술 내용과 또 다른 독자적 신기술이 여전히 나의 아이디어에 존재하고 있다거나, 원 내용에 다른 사람이 미처 생각지 못했던 아이디어를 추가로 제안한다면 특허를 인정받을 수 있다.

(2) 선행 기술이 그 내용을 특허로 독점하는 경우

이 경우 선행 기술이 나의 아이디어와 유사한 내용을 포함하고 있으므로 특허로 인정받을 수 없다. 나아가 내가 그와 유사한 내용을 사용하는 것이 선행 기술의 특허 침해가 되므로 그대로 사용해서는 절대로 안 된다.

선행 기술이 어떤 내용을 독점으로 보호받고 있느냐 여부는 선행 기술을 검토하는 과정에서 '특허 청구범위의 청구항 1'에 작성된 경우를 말한다. 이 경우 선행 기술에 의해 독점된 내용을 제외하고 사용해야 한다. 그리고 선행 기술을 제외한 상태로 다른 아이디어를 별도 제안해야만 다른 특허로 인정받을 수 있다.

결국 다른 선행 기술에 의해 이미 알려졌거나 특허로 보호받는 경우 나만의 핵심 특징을 가질 수 있도록 우회해 아이디어를 재설계해야 한다. 어떻게 해야 아이디어를 우회하는지 구체적인 과정을 살펴보자.

① 1단계: 특허 등록된 선행 기술과 같은 내용을 내 아이디어에서 제거하라

특허로 등록된 선행 기술이 있다면, 그 특허에 의해 보호되는 내용을 단순하게 포함하고 있더라도 치명적인 특허 침해의 원인이 된다. 그 특허로 인정된 '핵심 해결 수단'을 파악하고 실제 나의 아이디어에서 제거한다.

이는 나의 아이디어가 특허로 보호되는가를 따지기 전에 마치 암 종

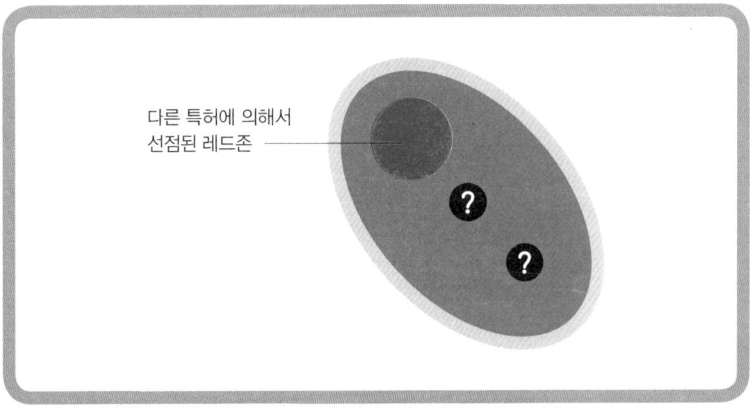

나의 아이디어에서 다른 사람이 특허로 등록받은 레드존을 제거한다.

양을 외과 수술로 제거하는 것과 유사하게 다른 사람의 특허 침해 문제를 제거하는 과정이며, 반드시 거쳐야 하는 과정이다. 그렇지 않으면 나의 아이디어가 별도의 특허가 인정되는지와 상관없이, 그냥 놔두면 특허 침해라는 비즈니스 실패로 직결된다.

이때 선행 기술 전체를 제거할 필요는 없다. 전체 특허 공보 내용 중 '청구항 1'에 기재된 내용을 나의 완성된 신기술에 포함하지 않도록 아이디어를 재설계하면 된다.

② 2단계: 알려진 선행 기술을 파악해 특허 권리에서 제외하라

나의 아이디어에서 선행 기술에 의해 단순하게 알려진 내용을 제외하고 남게 되는 나만의 독자적인 기술 내용을 파악한다. 이 단계에서는 공개된 선행 기술을 나의 특허 아이디어에서 제거하지 않아도 된

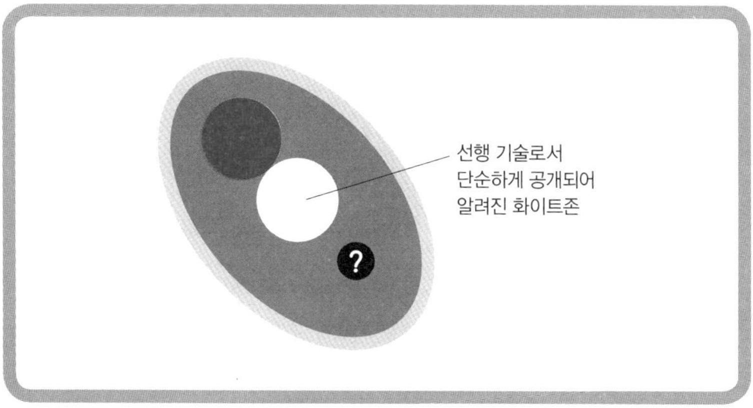

선행 기술에 이미 알려진 화이트존은 특허권의 기대에서 제외한다.

다. 공개된 기술 내용을 포함하고 있다고 문제되는 것은 아니다. 그저 나의 신기술에서 '나만의 독점적 특징'은 될 수 없다는 것을 의미하므로 이를 확인하는 것이다. 나의 아이디어 내용에 변화는 주지 말고 선행 기술을 제외하되 나만의 핵심 특징이 남아 있는지 확인해 나만의 권리를 재설계하면 된다.

이렇게 다른 특허에 의해 독점으로 선점되거나 이미 알려진 선행 기술에 의해 선점된 곳을 우회해 나만의 특허로 인정받는 과정은, 마치 나의 아이디어에서 다른 사람이 차지한 '레드존'을 제외하고, 사람들에게 알려져 있어 그 누구도 독점할 수 없는 '화이트존'까지 제외한 다음 나만의 고유한 특징이 되는 '블루존'이 남아 있는지 확인해 특허로 보호받는 것이다.

여전히 남아 있는 핵심 특징이 있다면 그것이 블루존이다.

③ 3단계: 나만의 핵심 특징이 남아 있다면 그 위주로 독점 권리를 설계하라

나의 아이디어에서 선행 기술을 제외하더라도 여전히 나만의 새로운 기술적 특징이 남아 있다면 그 영역은 내 기술만의 고유한 특징이 된다. 남아 있는 내용을 위주로 아이디어의 핵심 특징을 다시금 정의해 [해결 수단]으로 확정한다. 그러면 그 내용을 중심으로 나만의 특허를 보호받을 수 있다.

다행히 선행 기술을 제외하고 나만의 특징으로 인정받을 수 있는 해결 수단이 여러 개 있는가. 그렇다면 그중 가장 중요도가 높고 사람들이 모방하고 싶어 할 만한 해결 수단 위주로 순서를 정해야 한다.

선행 기술을 검토하는 과정에서 처음 의도했던 포괄적인 [해결 수단]과 유사성 있는 선행 기술이 발견되어 권리범위를 줄여야 한다면,

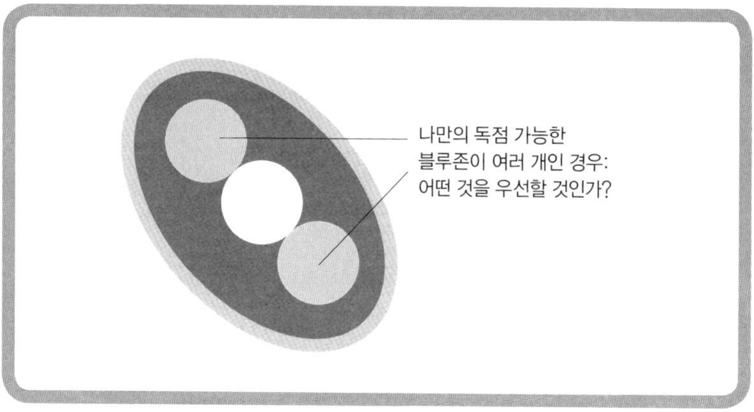

남아 있는 핵심 특징이 여러 개 있다면 그중에서 가장 중요한 것을 선택해야 한다.

원래의 [해결 수단]보다 한정해 기술적으로 중요한 보완적 특징 위주로 권리범위를 재설계해야 한다. 이때는 어떤 보완적인 해결 수단이 더욱 가치가 있고 중요해서 사람들이 모방하고 싶어 할 것인가를 기준으로 삼아 새로운 [해결 수단]으로 정의해야 한다.

웬만한 고깃집에 가면 볼 수 있는 ㈜아이후드텍의 후드는 고기를 굽다가 발생하는 연기를 빨아들여 천장의 배기 시설로 배출하는 설비다. 그런데 고기를 굽고 불판을 바꾸는 과정에서 주름관 길이를 조절해야 하므로 태엽을 후드 위쪽에 달고 아래까지 연결해 후드의 하중을 견디면서 주름관의 길이가 유지되도록 개발했다.

필자와 상담하면서 처음 정의된 해결 수단은 [후드에 태엽을 달고 감기는 힘으로 길이를 유지하는 것]이었다. 그런데 검토 결과 후드 내부에 태엽을 설치하는 선행 기술이 있었다. 따라서 원래의 [태엽을 달았

천장에서 주름관이 내려와 불판 바로 위의 연기를 빨아들이는 구조를 가진 ㈜아이후드텍의 후드

다]는 넓은 범위의 해결 수단으로는 보호받는 것이 어렵다는 것을 알게 되었다. ㈜아이후드텍과 어떤 내용으로 신기술의 초점을 옮길 것인가를 상의했다. 태엽이 선행 기술처럼 후드 내부에 있게 되면 태엽이 끊어지거나 고장 나는 경우 후드 자체를 천장에서 분리해야 하는 문제점이 발생되었다. 이로 인해 해결 수단을 다시 정의해서 단순하게 후드에 태엽이 달려 있다는 것에서 나아가 [태엽을 케이스에 달고 후드 측면에 꽂아 설치하는 것]으로 초점을 바꾸었다. 심사관도 기존 내부에 태엽이 달린 것과

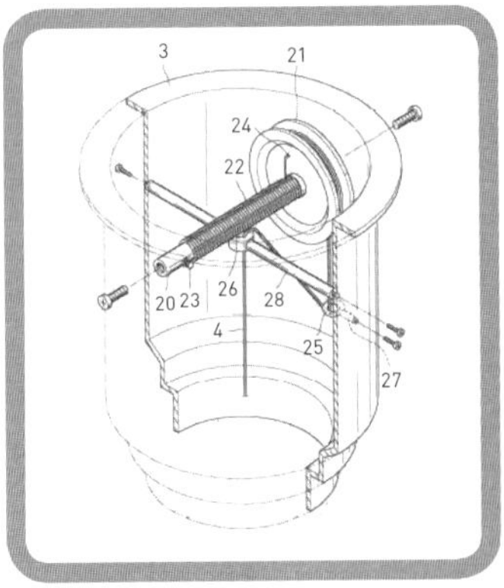

검토 과정에서 발견된 후드 내부에 태엽이 설치된 선행 기술

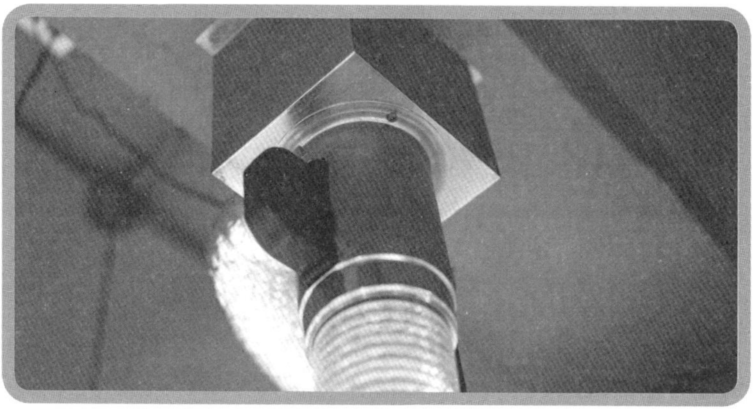

태엽을 케이스에 달고 후드 측면에 꽂아 설치하는 ㈜아이후드텍의 신기술

달리 ㈜아이후드텍의 새 후드의 태엽 구조는 조립과 AS가 쉽다는 점에 높은 기술적 가치를 인정해 특허 등록까지 마칠 수 있었다.

㈜아이후드텍 사례같이 특허 검토 과정에서 유사한 선행 기술들이 발견되는 경우는 일반적이다. 그러니 유사한 선행 기술이 발견되었다는 사실 자체에 기죽거나 실망하지 말기를 바란다. 오히려 특허권의 권리범위를 어떤 방향으로 재설계하느냐에 따라 여전히 경쟁력 있는 특허권을 확보할 수 있느냐 아니면 모방을 막아내는 데 실패하느냐가 결정되므로 신중하게 특허권을 재설계하는 것이 중요하다.

그런데 나의 아이디어에서 핵심 특징이라고 생각해왔던 [해결 수단]의 전체가 선행 기술에 의해 이미 공개된 내용이라면 어떻게 해야 하는가. 이 경우 힘들여 신기술을 개발한 과정이 아쉽지만 선행 기술에 의해 알려진 내용이므로 특허를 받을 수 없으니 아이디어를 새로 만

들어야 한다. 또한 선행 기술을 제외하고 남는 [해결 수단]이 충분히 만족스럽지 않는 경우에도 어쩔 수 없이 보완적인 새로운 아이디어를 만들어야 한다. 이렇게 나의 아이디어 전체가 이미 알려진 기술이거나 남아 있는 아이디어가 충분히 만족스럽지 않는 경우에 원점에서 다시 아이디어를 만들어내야 한다면, 쉽게 할 수 있는 방법은 없을까?

새 아이디어를 만든다는 것은 기존의 [해결 과제]부터 버리고 처음부터 새로운 아이디어를 시작하는 경우일 수도 있다. 하지만 아이디어를 개발하는 과정에서 고민하고 학습한 연장에서 기존의 [해결 과제]를 그대로 두면서 선행 기술과는 다른 [해결 수단]을 새롭게 만드는 게 더 좋은 성과를 낼 수 있다. 그리고 이것은 다음 장에서 알려주는 방법에 의해서 쉽게 가능하다.

6

새로운 아이디어 해결 수단을 떠올리는 쉬운 방법

"이 아이디어는 내가 최초로 개발했어."

특허까지 인정받는 보통의 신기술 개발자들이 종종 하는 표현이다. 이 표현이 과연 맞을까? 필자가 생각하는 정답은 '맞을 수도 있고 아닐 수도 있다.'

다음 제품을 살펴보자.

물건을 배달하는 업종에 종사하는 사람들이 흔히 쓰는 일명 '대차', 영어로는 트롤리trolly라고도 한다. 바퀴 달린 상판 위에 손잡이가 달려 있어서 화물을 싣고 이동이 간편하다. 손잡이 아랫부분에는 철봉으로 된 일종의 스위치가 달려 있다. 이 스위치를 발로 밟으면 손잡이가 접

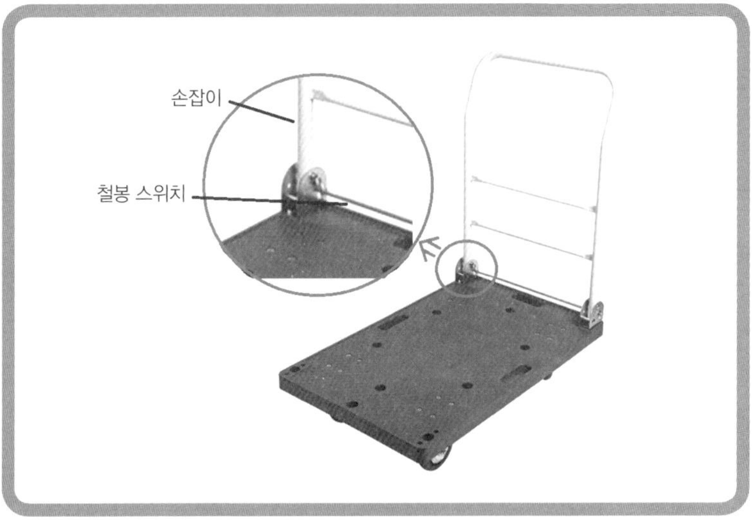

철봉 스위치를 조작해 손잡이를 접는 구조로 된 '대차'

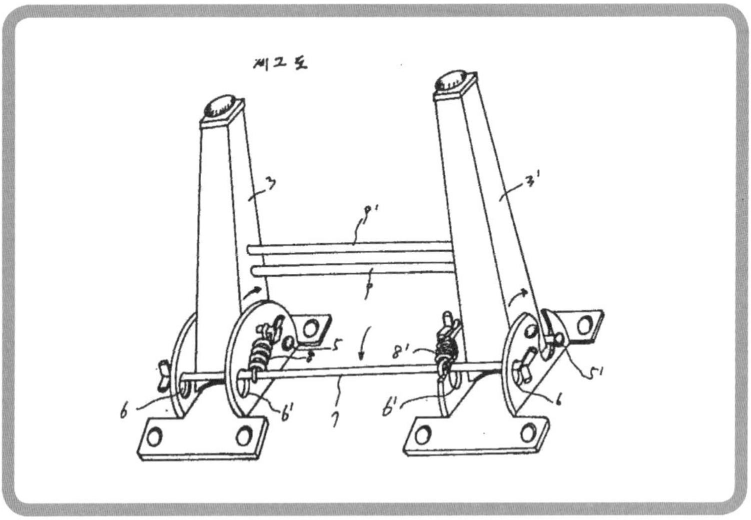

'대차' 손잡이 구조와 유사한 '밥상'의 상다리 구조

히면서 차량에 싣기 편하다. 자랑스럽게도 대한민국에서 최초로 개발된 것으로 알고 있다. 그런데 철봉 스위치를 조작해서 손잡이를 접는 구조는 어디서 본 듯하지 않은가.

아마도 다음 그림을 보면 '아하' 하면서 무릎을 칠 것이다. 1989년도에 공개된 실용신안인 '접철식 상다리'에 실려 있던 도면이다. 예전에는 집에 1개씩 있었던 '밥상'의 상다리를 접었다 펴는 구조에 관한 것이다. 도면 부호 7의 철봉 스위치를 누르고 밥상에 연결된 도면 부호 3의 상다리를 접었다 펴는 구조다. 위의 대차 손잡이 구조와 거의 유사하다.

이 두 제품을 보면서 누군가는 "에이, 똑같이 베꼈네"라고 말할지도 모른다. 하지만 이것이 바로 새로운 해결 수단을 제시하는 지름길이다. 새 아이디어를 최초로 개발한다는 것은 세상에 전혀 없던 기술을 새로이 개발한다는 것이 아니라, 기존에 존재하던 기술을 다른 기술에 최초로 접목하는 것부터 시작된다.

기술 분야가 완전히 똑같은 경우 이미 존재하는 기술을 차용한다는 것은 '모방'이지만, 예상하지 못하던 서로 다른 기술 분야에 적용해 새로운 기술을 만들어내는 것이 바로 '아이디어 개발'의 모습이다. 이 경우도 밥상의 아랫방향에서 상다리를 접는 구조를 대차의 위쪽 손잡이에 적용하는 방향 선택의 역발상이 높은 가치를 인정받아 특허 등록이 되었다.

1899년 미국 특허청장 찰스 듀엘Charls H. Duell은 이렇게 말했다. "발명될 수 있는 것은 모두 발명되었다. 따라서 더는 발명할 것이 없다." 이 말은 찰스 듀엘이 당시의 기술 수준을 과신해서 발언한 '실언'으로 여겨지지만 필자는 약간 다른 관점에서 파악한다. 당시에도 이미 새로운 발명은 미국 특허청에 계속 제안되고 있었다. 아마 찰스 듀엘은 발명의 '방식' 관점에서 향후에는 완전히 새로운 발명보다 기존의 발명을 활용한 '개량 발명'이 더욱 많아질 것이라고 내다본 것이다.

새로운 발명이라면 기존에 없던 것을 완전히 새로이 만들어내는 것이라고들 생각하기 쉽지만, 실상은 그 반대다. 일부 과학자들이 우주를 구성하는 미지의 입자를 발견한다는 것도 결국은 우주에 존재하던 것을 '알게 되는 것'에 불과하다. 최신의 나노 기술도 자연에서 존재하던 것을 '알게 되는 것'에 불과하다. 그저 존재하는 것을 찾아내는 것에 불과한 발견보다 어렵기는 하지만, 숨겨진 속성을 '알게 되어 이를 다른 용도로 활용하는 것'이 바로 발명이다.

예를 들어보겠다. 1차 세계대전에서 유명해진 가시철조망은, 양들이 가시덤불을 타고 넘지 않는 것을 발견하고 가시덤불을 본떠서 만들었다. 과학자들은 연잎 위에 물이 젖어 흡수되지 않고 굴러다니는 것을 보면서 '발수 효과'를 발명하게 되었다. 사냥광이던 스위스의 엔지니어 게오르그 데 메스트랄George de Mestral은 산우엉이 사람의 옷에 들러붙는 것을 보고 '벨크로Velcro'를 개발했다.

결국 좋은 아이디어들은 자연에 이미 존재하던 것에서 힌트를 얻어 다른 기술 분야에 활용됨으로써 개발되는 것이다. 이 사례처럼 기존에

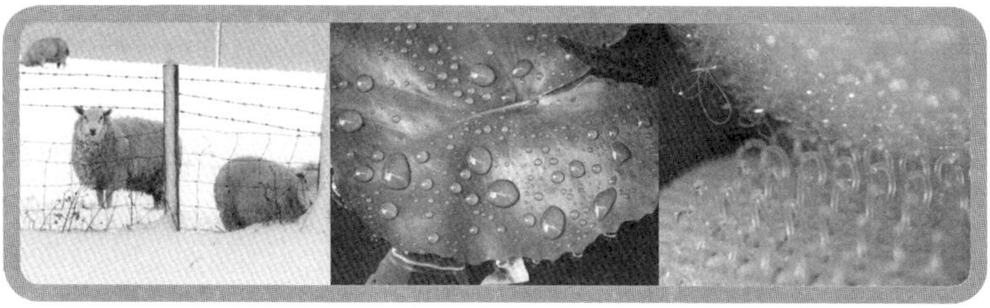

일상에서 힌트를 얻어 발명된 혁신적인 제품들

있던 기술을 다른 분야에 적용해 유사한 효과를 얻게 되어 발명이 수월해지기도 한다.

본론으로 돌아가자. 당신의 아이디어 내용이 하필 선행 기술과 유사하다면 어떻게 해야 하는가. 특허 빅 데이터를 확인한 결과, 경쟁 기술도 많아 시장성이 적고, 유사한 선행 기술들도 많다면 어떻게 할 것인가. 그 아이디어는 어떻게 개량하더라도 넓은 범위로 시장을 독점할 가능성이 적으므로 아예 새로운 아이디어로 다시 시작하는 것이 낫다.

그와 달리 시장성도 크고 경쟁하는 선행 기술도 적은데 유독 소수의 유사한 선행 기술로 인해 나의 [해결 수단]을 바꿔야 한다면 어떻게 해야 하는가. 어떤 방법으로 쉽게 [새로운 해결 수단]을 제안해야 하는가.

해답은 '다른 기술 분야에서 괜찮은 해결 수단을 차용하라'다.

당신은 유사한 선행 기술이 존재한다는 사실만으로 공황 상태에 빠질 수 있다. 하지만 아이디어의 개발 과정이 본디 유사한 선행 기술들과 차별화하고 나만의 독자 영역을 확보하는 것이다. 그러니 조금 더 집중하고 선행 기술보다 나은 효과를 낼 수 있도록 아이디어의 핵심을 바꿔보라. 당신의 아이디어가 오히려 경쟁력이 높아져 시장에서 더 사랑받을 수도 있다.

그 시작은 숙제를 던지는 것에서 시작된다. 아이디어 재정비 단계에서 새로운 [해결 수단]을 만들고 싶다고 그냥 만들 수 있는 것이 아니다. 최초의 아이디어 개발 단계에서는 [해결 과제]를 떠올리고 최적의 답을 찾는 과정을 거쳤다. 그렇다면 아이디어를 새롭게 바꾸어 보다 나은 아이디어로 만드는 과정에서는 새로운 숙제를 던지고 그에 대한 해답을 찾는 과정이 필요하다는 말이다.

① 아이디어 보완 단계 1: 새로운 기술적 숙제를 제안하라

아이디어를 보완하는 1단계는 원래의 [해결 과제]를 유지하면서 더 나은 효과를 내기 위한 방향이 무엇일까를 찾는 데서 시작된다. 일종의 [새로운 해결 과제]에 해당하는 이 숙제는 다음 같은 질문을 던지는 데서 시작한다.

▶ 원래 아이디어의 단점은 무엇인가

어떤 신기술이든 단점은 있다. 어떤 제품이든 생산하고 사용하며 사후 관리를 하는 과정에서 예기치 못한 불편함이나 치명적인 단점이 노출될 수 있다. 온라인 서비스라면 제공하고 사용하는 과정에서 역시 동일한 단점을 가질 수 있다.

새로운 아이디어를 위한 3가지 마법의 질문
① 원래 아이디어의 단점은 무엇인가? ② 원래 아이디어의 효율은 충분한가? ③ 추가적으로 제공할 장점이나 효과는 없는가?

마법의 질문을 스스로 던져 새로운 방향을 찾아보자.

이런 단점은 어떻게 예상해야 하는가. 해당 신기술 제품과 서비스를 제공하는 입장, 사용하는 입장으로 나눠서 생산부터 사용하는 과정까지 일종의 시나리오를 그려보아라. 그러면 반드시 단점이 드러날 것이다. 그중 가장 치명적이고 해결해야 하는 단점을 선정하라. 그것이 소비자들이 열렬히 원하는 '잘 팔리도록 만드는' 해결 과제가 될 것이다.

㈜아이후드텍의 고깃집 후드와 오리뼈우거지탕은 선행 기술의 단점을 해결해 좋은 방향으로 아이디어를 업그레이드함으로써 더 나은 신기술을 확보하게 되었다.

▶ 원래 아이디어의 효율은 충분한가

아이디어의 효율성은 원래 제안된 해결 수단에 관한 것일 수도 있다. 제안된 아이디어로 인해 만들어지는 효율 내지 효과가 충분한지 확인하라. 기껏 힘들여 제품이나 서비스로 개발했는데, 객관적으로 그 결과물이 신통치 않다면 그 아이디어는 잘못된 것이다.

이 경우 해결 과제가 잘못된 것은 아니므로 [해결 과제]를 크게 바꿀 것이 아니라 [해결 수단]을 바꾸는 데 집중해야 한다.

머리에 얹어 쓰는 두루마리 화장지는 해결 수단이 비효과적이므로 실패한 것이다. 사람들이 부끄러워하지 않으면서 흔쾌히 구매하고 싶어 하는 더 나은 [해결 수단]을 새롭게 제안했다면 충분히 시장에서 자리 잡을 수도 있었다.

▶ 추가적으로 제공할 만한 장점이나 효과는 무엇인가

원래 아이디어에 단점을 파악하고 해결하는 것도 좋지만, 원래 아이디어에 더 나은 장점을 제공하는 것도 좋다. ㈜산돌커뮤니케이션에서 구름다리 서비스를 제공하면서 '보안'이라는 부분에 추가 초점을 두어 안전한 서비스를 제공한 것은 좋은 예다. 결과적으로 내가 제안하지 않더라도 언젠가는 경쟁 기업이 나를 추월하고자 제안될 수 있는 추가적인 장점이나 효과를 내가 제안하는 것은 경쟁 기업을 한발 더 앞서가는 지름길이기도 하다.

이런 대표 질문을 통해 여러 가지 숙제가 만들어지면, 그중 가장 사람들이 필요로 하고 경쟁 기업에서 모방할 만한 것을 새로운 [해결 과제]에 선정하라. 이 새로운 해결 과제는 원래의 아이디어를 능가하는 더 좋은 신기술로 만드는 이정표가 될 것이다.

② 아이디어 보완 단계 2: 새로운 해결 수단을 유사 사례에서 차용하라

새로운 해결 과제를 확정했다면, 이제 이를 해결하는 [새로운 해결 수단]을 제안하라. 그렇다고 새로운 해결 수단을 굳이 혼자서 억지로 만들지 마라. 다른 기술 분야에 이미 적용된 기술을 차용하는 것으로 쉽게 제안될 수 있다.

이때 필요한 것은 '어디서 어떤 기술을 차용할 것인가'다. 다른 기술 분야에 쓰는 기술이라고 아무것이나 내 아이디어에 차용하는 것은 불가능하다. 적어도 나의 새로운 해결 수단에 연관되어 있으면서 가장 유효한 해결 수단이어야 한다. 어디서 어떻게 차용할 것인가.

새로운 해결 과제에 대해 '동일한 해결 효과'를 가지는 기술을 찾는데 주목해야 한다. 예로 든 가시철망은 '양이 특정한 덤불은 타고 넘지 않는다'는 효과를 보고 '가시덤불'이라는 기술을 차용했다. 발수 효과는 '연잎은 물이 젖거나 흡수되지 않는다'는 효과를 보고 '나노 융기'라는 기술을 차용했다. 벨크로 테이프는 어떤가. '산우엉이 옷에 쉽게 들러붙는다'는 효과를 보고 '암수 얽힘 구조'라는 기술을 차용했다. 실제 필자의 특허 등록 사례인 블루투스 이어셋은 '필요할 때마다 길이를 조절'할 수 있는 20여 가지 기술 중 '모나미 볼펜'의 기술을 차용함으로써 완성되었다.

새로운 해결 수단은 자연에 존재하든 다른 기술 분야에 존재하든 이미 적용된 기술 수단 중 '동일한 해결 효과'를 가진 것을 다수 선정하고, 나의 아이디어에 가장 효과적으로 들어맞는 것을 선택해 적용함으로써 쉽게 제안될 수 있다. 물론 새로운 해결 수단을 적용해 새로운 아이디어의 핵심 특징을 그럴듯하게 짜맞춰내는 것은 전공이나 능력 또는 지식에 따라 쉽거나 어려울 수 있다. 하지만 전문가의 도움을 조금이라도 얻으면 훨씬 쉽게 접근할 수 있다. 이 단계에서 중요한 것은 '완벽한 기술을 만드는 것'이 아니라 '괜찮은 해결 수단을 채택'하는 것이다. 상식적이고 직관적으로 '여기서 사용되는 기술을 나의 새로운 아이디어에 채택해보면 어떨까?'라는 질문에 답하는 것만으로 충분하다.

양이 가시덤불을 뛰어넘지 않은 이유가 가시 때문이라거나, 연잎이 물에 젖지 않는 이유가 나노 융기로 인한 것이라거나, 산우엉이 옷에 들러붙는 이유가 암수 얽힘 구조 덕분이라는 것은 그다음 문제다. 지금 단계에서 당신이 해야 할 일은 이것이다. '나의 아이디어에 이 원리를 채택하면 되겠구나'라고 생각하는 것뿐이다. 그러니 어려움 느끼지 말고 주변을 둘러본 다음 나의 아이디어에 유용한 '동일한 해결 효과'를 찾아보라. 그 내용을 나의 새로운 해결 과제에 적용했을 때 그럴듯하다면 그것이 바로 새로운 해결 수단이다.

7

이제 아이디어 전체의 베스트 모델을 완성해보자

새로운 아이디어를 만들고 개량하는 데 가장 중요한 것은 무엇일까? 핵심 특징에 의한 [해결 수단]을 제안하되, 굳이 완벽한 원리를 모르더라도 적용했을 때 가장 잘 해결될 만한 방식을 떠올리는 것만으로 중요한 90%는 완성된 것이나 다름없다.

이제 남은 것은 나머지 10%에 해당하는 살을 붙여서 신기술의 베스트 모델을 만드는 것이다. 그런데 살을 붙이는 과정이 덜 중요할 수도 있지만 잘못된 방향으로 간다면 전체 신기술의 가치를 망칠 수도 있다. 남아 있는 10%의 살을 붙이는 과정에 시간과 노력을 투입해서 가급적 완성도 높은 100%로 만들어라. 이는 마치 새로운 경주용 자동차를 개발하기 위해 가장 중요한 엔진을 힘들여 개발해놓고, 그에 맞

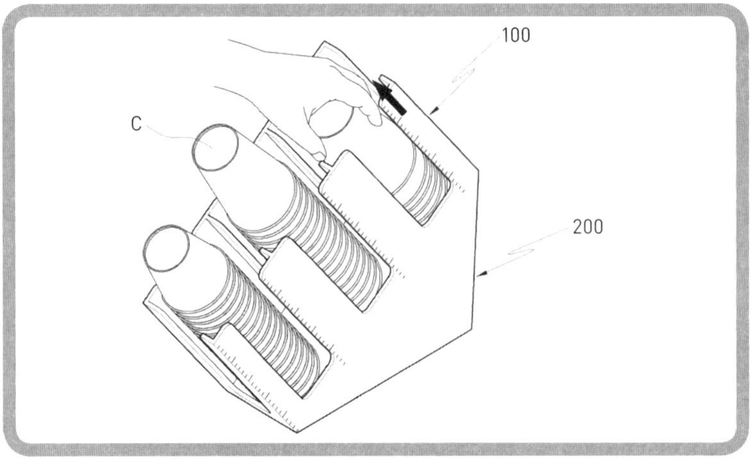

필자와 상담해 특허 등록을 받은 '컵 디스펜서'(2015)

는 트랜스미션과 바퀴와 브레이크를 잘못 선택해 제 성능을 내지 못하는 것에 비유할 수 있다.

아이디어의 베스트 모델이란 실제로 그 아이디어의 [해결 수단]이 제 기능을 구현함으로써 의도했던 [해결 과제]를 충분히 해결하기 위한 말 그대로의 '베스트 모델'이다. 따라서 새로이 제안했든 다른 기술 분야에서 차용했든 한 문장으로 표현된 [해결 수단]이 제품이나 서비스로 구현되었을 때 가급적 완성된 모습에 가깝게 보여주는 것이 바람직하다.

아이디어에 살을 붙여가는 과정을 필자는 '인사이트 과정'이라고 일컫는다. 인사이트Insight란 원래 아이디어가 가지는 속성을 안쪽In으로부터 들여다봄으로써Sight 소비자들이 원하는 아이디어의 본질에 꼭 필요한 새로운 속성을 이끌어내는 과정이다. 카페에서 커피를 주문하면 높게 쌓여 있는 종이컵 맨 위에서 하나를 빼 커피를 담아주는데, 종이컵을 빼내기도 쉽지 않고 자칫 쌓인 컵 전체가 넘어지는 불편함이 종종 발생했다. 이럴 때 좋은 방법이 없을까?

- 문제의 본질은 종이컵을 그냥 위로 쌓다 보니 발생한다.
- 별도 거치대에 종이컵을 쌓으면 넘어지지 않을 것이다.
- 경사지게 거치대를 만들면 종이컵을 빼내는 작업이 수월할 것이다.
- 종이컵을 뺄 때 불편할 수 있으므로 측면에 손가락 넣을 홈을 파면 금상첨화.
- 파놓은 홈에 종이컵의 개수를 셀 수 있도록 눈금을 표시하면 더 좋겠다.

이처럼 아이디어의 기본적인 [해결 수단]에 더해 꼬리를 물어 숙제를 던지고 새로운 해답을 제시하는 반복적인 인사이트 과정을 거치면 아이디어는 베스트 모델이 된다.

인사이트 과정에서 필요한 기본 프로세스는 다음 페이지에 도표로 제시된 순서와 같다.

앞서 나의 아이디어와 유사한 선행 기술이 있는 까닭에 아이디어의 방향을 바꾸는 과정은 보완적인 해결 과제를 선택하고 그로부터 새로운 해결 수단을 순서대로 떠올려 제안하는 것임을 밝힌 바 있다. 이

인사이트 과정	
1단계	문제의 원인은 무엇인가?
2단계	문제를 쉽게 해결하는 원리는 무엇인가?
3단계	유사 해결 사례는 무엇인가?
4단계	유사 해결 사례의 채택이 용이한가?
5단계	문제를 해결하는 과정에서 부작용은 없는가?
6단계	기왕에 문제를 해결하면서 부수적인 장점은 없는가?

때 새로운 해결 과제를 찾는 대표 방법으로는 종래 아이디어의 단점을 찾는 것이었다. 그리고 새로운 해결 수단을 찾는 방법은 그 문제에 대한 '동일한 해결 효과'를 갖는 다른 기술 분야에서 적절한 기술 수단을 차용하는 것이었다.

인사이트 과정은 그와 유사한 방식으로 순서에 따라 질문을 던지고 해답을 찾음으로써 베스트 모델을 만드는 프로세스다. 맨 먼저 아이디어의 [해결 과제]를 선정하려면 특정 제품이나 서비스의 단점이자 문제점을 파악한다. 이때 시장성이 충분하고 고객의 니즈가 충분한가를 살펴야 한다.

그다음 해결 과제를 어떻게 하면 쉽게 해결할 수 있는지 가장 적절한 방식을 간단한 원리로 생각해본다. 자연에서, 경험에서 또는 다른 기술 분야에서 유사한 과제를 해결한 사례를 떠올려보아 가장 효과적이고 적절한 수단을 골라 기본적인 [해결 수단]으로 채택한다.

새로운 해결 수단을 나의 아이디어에 채택하는 과정에 채택이 곤란

하거나 새로운 문제가 생기기도 한다. 반대로 새로운 해결 수단을 채택하는 과정에 추가로 장점을 얻거나 더 나은 효과를 얻기도 한다. 이처럼 [추가적인 해결 과제]가 떠오른다면 적절한 해답을 제시함으로써 [추가적인 해결 수단]을 보태 아이디어의 완성도를 높인다.

인사이트 과정은 한 번의 사이클에 완성되는 것이 아니다. 베스트 모델을 완성하는 과정에 추가적인 해결 과제를 제안하고 추가적인 해결 수단에 관한 답을 내놓는 일을 여러 번 반복하면서 완성도 높은 베스트 모델을 만들어가는 것이다.

그런데 아이디어의 베스트 모델을 완성하는 과정에서 추가적인 해결 과제와 해결 수단들을 계속 제시했는데도 완성된 베스트 모델이 매력 있지 않다면 어떻게 해야 하는가. 그 배경에는 다음 같은 2가지 이유가 깔려 있을 것이다.

(1) 핵심적인 [해결 수단]이 부적절한 경우

좋은 신기술 아이디어는 돈이 되는 해결 수단에 효과적인 해결 수단을 제시하는 것이다. 그런데 해결 과제 자체는 나쁘지 않았는데, 여기에 대응하는 해결 수단이 효과적이지 않고 매력적이지 않다면 그 아이디어는 여전히 해결될 단점과 부작용이 많은 것이다. 만일 수조에 담긴 물을 막을 때 수챗구멍의 크기에 맞는 마개를 덮으면 한 번에 막을 수 있지만 대강 맞는 마개를 덮으면 어쩔 수 없이 물이 새는 것과 마찬가지다.

아무리 아이디어의 단점을 보완하더라도 해결법이 개운하지 않고 완성된 아이디어가 누더기 같다면 애초에 핵심 해결 수단이 잘못된 것이다. 이 경우 인사이트 과정의 처음으로 돌아가 '문제를 쉽게 해결하는 원리는 무엇인가'부터 다시 고민을 시작해야 시간과 에너지 면에서 훨씬 유리하다.

(2) 아이디어 개발자의 전문성이 부족한 경우

신기술 아이디어를 개발하는 과정은 개인마다 편차가 있다. 동일한 해결 과제를 가지고 '문제를 쉽게 해결하는 원리'를 떠올리는 과정부터 즉각 좋은 답을 내놓는 사람이 있는가 하면 그렇지 않은 사람도 있다.

어쩔 수 없는 개인 차다. 그렇다고 지금 당장 좋은 아이디어를 만들려고 획기적으로 개선시킬 수 있는 방법도 없다. 아이디어 개발을 위한 자질은 전공과 취미와 평소 주변의 물건들에 얼마나 관심을 가지고 있느냐에 좌우되는 것이지 짧은 순간에 끌어올릴 수 있는 성질의 것이 아니다. 이는 앞서의 엔지니어 측면의 성향 테스트 결과와도 연관된다.

아이디어를 개발하는 과정에서 돈이 되는 해결 과제인데도 적절한 답을 내놓지 못하고 전전긍긍하고 있다면, 당신은 그 아이디어에 역부족인 것을 인정해야 한다.

이 경우 당신이 할 수 있는 선택은 2가지다.

첫째, 다른 새로운 아이디어로 눈을 돌려라. 지금 당신이 끌어안고 있는 숙제보다 쉽고 당신의 장점에 적합한 아이디어로 바꾸는 것이 나을 수도 있다.

둘째, 전문가에게 도움을 청하라. 그렇다고 그 전문가에게 아이디어의 완성을 대신 부탁하지는 말자. 전문가에게 당신의 해결 과제를 이야기하고 이를 쉽게 해결하는 좋은 방식이나 원리 또는 쉬운 해결 수단이 없는지 조언을 구하라. 그러면 미처 생각지 못했던 적절한 해답을 듣게 될 것이다. 이를 토대로 100%의 베스트 모델을 당신 손으로 직접 만들 수 있게 될 것이다. 필자와 상담을 나눈 수많은 고객은 이렇게 단순한 몇 마디 조언만으로 비즈니스에 꼭 필요했던 신기술 아이디어를 완성해 손에 넣을 수 있었다.

8

본격적인 비즈니스의 시작을 위한 신기술 아이디어 설명서 작성

여기까지 온 당신은 이제

(1) 좋은 아이디어를 떠올렸고,

(2) 이 아이디어를 [해결 과제]와 [해결 수단]이 들어간 문장으로 정리했으며,

(3) 그중 [해결 과제]를 이용해 특허 빅 데이터로 시장성을 확인하고,

(4) [해결 수단]을 이용해 유사한 선행 기술이 있는지 확인했다.

(5) 회피해야 할 선행 기술을 제외하고 나만 독점할 수 있는 새로운 핵심 특징을 정리한 후,

(6) 추가 효과까지 내도록 전체 아이디어를 베스트 모델로 완성시켰다.

신기술 아이디어 설명서 기본 항목	
신기술의 해결 과제	신기술 아이디어가 어떤 목적을 위한 것인지 알려주고 아이디어를 공유하는 사람들의 공감을 이끌면서도 시장성을 가늠하도록 한다.
배경이 되는 기술	신기술 아이디어가 필요하게 된 배경. 종래에는 어떤 기술들이 존재했는지, 최근에 제안된 기술들 중 유사한 것이 있는데 무엇이 문제였는지를 특허 빅 데이터 분석 결과에 기초해 보여줌으로써 나의 신기술 아이디어에 대한 기대치를 갖도록 한다.
신기술의 해결 수단	신기술의 해결 과제를 나만의 독특한 방식으로 어떻게 해결하는지 해결 수단을 간단명료하게 제시한다. 이때 전체 아이디어의 완성된 내용을 일일이 설명하는 것이 아니라, 핵심 특징만 몇 줄 이내로 짧게 정리한다.
신기술의 효과	신기술로 인하여 얻을 수 있는 효과가 무엇인지, 신기술의 과제를 해결하는 것을 넘어서 신기술로 얻는 특유의 효과를 보여주어 높은 가치를 다시 한 번 인상 깊게 각인시킨다.

이렇게 완성된 아이디어는 돈이 되는 해결 과제에 관한 것이다. 또 특허로 독점되는 해결 수단을 가진 것이다. 그래서 실제 제품이나 서비스를 출시했을 때 소비자들로부터 좋은 반응을 얻어 시장을 차지하면서도 경쟁자들의 모방을 특허로 막아낼 수 있게 된다.

아이디어가 완성되면 당신의 성공적인 비즈니스를 위한 첫걸음으로 '신기술 아이디어 설명서'를 마련해보자. 신기술 아이디어 설명서는 당신의 신기술 아이디어의 핵심 내용을 다른 사람들에게 명확하게 전달해줌으로써, 신기술 아이디어의 필요성과 시장에서 당신의 아이디어가 독보적인 이유를 제시해줄 것이다.

2장에서 설명한 신기술 아이디어 설명서에 담기는 기본 항목 순서와 내용을 되짚어보자. 이 내용이 낯선가. 우리가 지금까지 4장에서 살펴본 특허 활용법의 각 단계를 정리한 것에 지나지 않는다. 다만 나의 아이디어에서 다른 사람들이 관심을 가질 만한 주요 내용들을 그들이 원하는 순서대로 일목요연하게 정리한 것이다. 결국 각 단계를 순차적으로 거쳐왔다면 그 결과물로부터 '신기술 아이디어 설명서'는 쉽게 작성할 수 있을 것이다.

그러면 지금까지 거쳐온 각 단계를 순서대로 떠올리면서 신기술 아이디어 설명서에 포함될 내용을 추출하는 방법을 알아보자.

① 1단계: 핵심 아이디어를 한 문장으로 정리하자

내 아이디어의 핵심을 한 문장으로 정리하는 것에서 모든 것이 시작된다. 아이디어의 핵심은 [해결 과제]와 [해결 수단] 두 부분으로 나뉘며 각 내용은 특허 빅 데이터 분석 과정에서 바뀔 수 있으니 일단은 기본 아이디어를 정리해보자.

(예) '김기사'	•화면이 작은 스마트폰을 내비게이션으로 사용할 때 사용자가 목적지를 더욱 쉽게 선택할 수 있도록 하기 위해(해결 과제) •사용자가 검색한 곳을 상대적인 방위와 거리에 따라 벌집 모양으로 자동 생성해 즐겨찾기 화면으로 보여준다(해결 수단)
나의 아이디어를 한 문장으로 정리하자	

② 2단계: 특허 빅 데이터를 통해 시장성을 검증하고 [해결 과제]를 확정지어 작성하라

특허 빅 데이터에서 경쟁하는 기술들이 얼마나 오래되었는지, 얼마나 많은 기술들이 있는지 충분한 시장성을 확인하라. 만일 충분한 시장성이 없다고 판단된다면 최근 기술 동향으로부터 어떤 방향으로 기술을 제안해야 블루오션이 될지 가늠해보라.

(예) '김기사'	신기술의 해결 과제는 화면이 작은 스마트폰을 내비게이션으로 사용할 때 사용자가 목적지를 더욱 쉽게 선택할 수 있도록 한 것이다.
나의 아이디어 해결 과제는 무엇인가?	

③ 3단계: 관련된 선행 기술의 흐름으로부터 문제점을 파악하고 [배경이 되는 기술]로 작성하라

내 아이디어와 상당히 유사한 선행 기술이 있다면 다음 단계의 [해결 수단]을 바꿔야 한다. 지금 단계에서 선행 기술들로부터 차별화된 나의 아이디어에 대해 선행 기술들의 문제점을 확인하는 것이 중요하다.

종래의 선행 기술들이 가지는 문제점으로부터 나의 아이디어가 반드시 필요할 수밖에 없게 된 과정까지 드러내라. 즉 필연적으로 드러나게 된 배경 기술의 문제점을 논리적으로 설명하라.

(예) '김기사'	초창기 스마트폰은 지도 정보 정도만 제공했다. 이 경우 좁은 스마트폰 화면에서 조작하는 것이 힘들었다. 내비게이션은 운전이라는 특수한 상황에서 조작하는 경우가 많다 보니 더욱 쉽게 조작해야 한다. 현존하는 유사 기술들은 자동차의 매립형 내비게이션에 사용되는 기술이기 때문에 차이가 있을 뿐 아니라, '벌집 즐겨찾기'라는 내 아이디어의 핵심 특징과는 유사성이 낮다.
나의 아이디어와 관련된 배경 기술의 문제점은 무엇인가?	

④ 4단계: 배경 기술과 차별되도록 나만의 기술적 수단을 [해결 수단]으로 작성하라

선행 기술 검토 과정을 거쳐 확정된 내 아이디어의 [해결 수단]은, 특허로 등록된 선행 기술을 무조건 제외한다. 단순하게 알려진 선행 기술이 있다면 이것도 제외한다. 그러고는 여전히 남아 있거나 새롭게 만들어낸 기술적 특징 중에서 가장 중요한 것을 내 아이디어의 핵심 [해결 수단]으로 확정한다.

이 과정에서 도면을 포함해 쉽게 이해할 수 있도록 부연 설명을 제공하는 것이 좋다. 또는 내 아이디어의 단점을 보완하거나 부수적 효과를 제공하는 기술적 특징을 보충하는 것도 괜찮은 방법이다. 단, 추가하는 기술적 특징은 보완하는 성격이 강하므로 발명의 기본 핵심 수단과 섞이지 않도록 주의한다.

(예) '김기사'	사용자가 검색한 곳을 상대적인 방위와 거리에 따라 벌집 모양으로 자동 생성해 즐겨찾기 화면으로 보여주어 사용자가 목적지를 더욱 쉽게 선택할 수 있도록 하는 것
	• 음식점 등의 부가 정보를 또 다른 벌집으로 제공한다. • 검색한 곳이 분산되어 있으면 실시간 위치로부터 가장 가까운 곳을 보여준다. • 다른 사람에게 목적지 정보를 SNS를 통해 공유할 수 있도록 한다.
나의 아이디어의 핵심 수단은 무엇인가?	

⑤ 5단계: 나의 신기술로 인한 특유의 장점이 있다면 [신기술 효과]로 작성하라

신기술 효과는 당연히 해결 과제가 무사히 해소되었다는 것을 의미한다. 당연한 효과 외에 신기술로 얻을 수 있는 효과가 있다면 작성한다. 이는 나의 아이디어에 가산점이 될 테니 작성하는 것이다. [핵심 특징]으로 얻는 효과도 중요하지만, 그 외에 [부수적인 핵심 특징]으로 얻는 효과도 보여준다. 단, [기본 핵심 특징]에 의한 효과와 [부수적인 핵심 특징]에 의한 효과를 분리해 작성하고 섞이지 않도록 주의한다.

(예) '김기사'	사용자는 벌집 모양의 즐겨찾기에서 원하는 곳을 직관적으로 선택할 수 있으며 내비게이션을 쉽게 시작하는 효과가 있다.
	• 내비게이션에서 부가적인 정보를 얻는 효과가 있다. • 사용자의 의도에 가장 맞는 목적지를 알려준다. • 사용자의 목적지를 다른 사람에게 쉽게 제공한다.
나의 아이디어의 특유한 효과는 무엇인가?	

신기술 아이디어 설명서 작성은 나의 아이디어를 [해결 과제]와 [해결 수단]으로 나눠 정리한 다음 특허 빅 데이터와 분석하고 보완하는 일련의 과정에서 검토가 된 내용들을 정리한 것에 불과하다. 이렇게 논리적으로 정리해놓으면 아이디어 개발자도 신기술 아이디어를 체계적으로 파악할 수 있다. 어느 누구라도 내 아이디어가 왜 필요한지, 왜 특징적인지, 어떤 선행 기술들이 있어 더욱 특징적인지 쉽게 설명할 수 있다. 설득력 있는 아이디어가 되는 셈이다.

그렇기 때문에 4장의 과정을 따라 명확해진 [해결 과제]와 [배경이 되는 기술], [해결 수단], [신기술의 효과]를 한 페이지라도 좋으니 문서로 작성하라. 이렇게 작성된 문서가 바로 '신기술 아이디어 설명서'다. 이 문서를 당신의 변리사에게, 비즈니스 파트너에게, 투자자들에게, 거래처에게 제시해 활용하라. 그러면 당신이 가진 신기술 아이디어의 가치를 더욱 쉽게 공유할 수 있을 것이고 당신은 자신감 있게 비즈니스 활동을 할 수 있을 것이다.

당신은 아이디어를 처음 꺼내 일련의 과정을 통해 잘 팔리고 지켜낼 수 있는 아이디어를 완성했고, 이를 신기술 아이디어 설명서로 정리했다. 그러면 당신이 비즈니스를 시작해 성공을 향해 열심히 뛰는 일만 남았다. 그러나 방심은 금물이다! 비즈니스를 시작해서 성공하는 것은 생각보다 힘들다.

하지만 걱정하지 말라! 당신은 이미 체계적인 일련의 과정을 통해 '돈이 되는 아이디어'를 확보했다. 심지어 경쟁자들의 모방도 문제없다.

당신의 에너지를 비즈니스 성공에 집중하라! 마케팅과 자본과 직원과 경영에 집중하라. 제품(또는 서비스)을 출시하면 당신은 시장에서 주목받으면서 소비자들의 입소문을 타고 손쉬운 마케팅에도 불구하고 승승장구할 것이다. 그 와중에 경쟁자들은 호시탐탐 당신의 자리를 노리겠지만, 당신에게는 '특허'라는 좋은 무기요 방패까지 있다.

남은 것은 당신 스스로를 믿고 추진해서 성공하는 것뿐이다.

필승이다!

5장

HOW TO ③

스타트업이 반드시 알아야 하는 지식재산권 상식

1

스타트업에게 필요한 지식재산권의 종류와 활용법

5장에서는 스타트업을 시작해 안정적으로 자리를 잡고 성장하는 과정에서 꼭 알아두어야 할 지식재산권 상식을 살펴보겠다. 스타트업에게 지식재산권은 중요한 자산이지만 그렇다고 반드시 기업 경영자가 100% 이론적으로 완벽하게 알고 있어야 할 필요는 없다. 차라리 '이 경우에는 이렇게 보호된다던데' 정도의 개요만 알고 필요할 때마다 전문가와 상의해 도움을 얻는 것이 훨씬 효과적이다. 따라서 스타트업이 '이것만 알고 있으면 지식재산권에 대한 판단은 직접 내릴 수 있다'는 목적을 가지고 최소한의 지식재산권 상식과 어디서도 알려주지 않는 노하우를 공개하겠다. 이 내용만 숙지하고 전문가와 상의한다면 적어도 몇 십 배는 훨씬 좋은 결과를 얻을 것이다.

지식재산권의 정의부터 알아보자. '사람이 만들어낸 가치 있는 지식을 일종의 재산권으로서 보호해주는 것'이다. 이제껏 살펴보았던 특허가 지식재산권의 대표 예이기는 하지만 특허가 전부는 아니다. 특허는 사람이 만들어낸 기술적인 지식을 보호하는 것이며, 그 외에 '사람이 만들어낸 멋진 물품의 디자인'을 보호하는 디자인권과 '사람이 만들어낸 기억하기 좋은 브랜드'를 보호하는 상표권이 있다. '사람이 만들어낸 예술적인 창작물'은 저작권으로 보호가 된다. 이 지식재산권은 각각의 보호 대상이 만들어지는 과정에서 들인 노력의 대가로 일정 기간 동안 만들어낸 사람만이 독점할 수 있도록 해서 다른 모방자가 함부로 베끼지 못하도록 보호한다. 단, 각각의 보호 대상과 보호되는 기간, 보호받는 방법은 다르므로 어떤 경우에 어떤 권리로 보호되는지 구체적으로 살펴보자.

(1) 특허권

특허권은 지식재산권의 대표 주자 격으로, 새롭게 만들어진 '기술'을 보호하는 것이다. 물론 단순하게 새로운 것으로는 충분하지 않고 '진보된 기술'이어야만 특허를 받을 수 있다.

특허권이 인정되면 특허청에 서류를 제출한 내용, 예를 들어 '김기사'는 '사용자가 편리하게 목적지를 설정할 수 있도록 즐겨찾기 화면을 제공한다'는 기술에 진보된 특징을 인정받게 된다. 그러면 특허 출원일로부터 20년간 그 기술에 대한 독점권을 인정받을 수 있으나, 매년 특허청에 권리 유지를 위한 연차료를 납부해야 한다. 만일 중간에라도 특허권이 필요 없다고 판단되면 굳이 돈 쓰지 말고 특허권을 포기해 다른 사람들도 널리 사용할 수 있도록 유도하기 위한 것이다. 실제로 20년간 납부하는 연차료는 점점 비싸지므로 특허권자들은 더는 필요하지 않다고 판단되는 순간 연차료를 납부하지 않고 '소멸'되도록 방치한다.

(2) 디자인권

디자인권은 새롭게 만들어진 '디자인'을 보호하는 것인데, 유념해둘 것이 있다. 새롭게 만들어진 모든 디자인이 보호 대상이 되는 것이 아니라 '물건의 디자인'에 한해 인정된다. 새롭게 그림을 그렸으니 남들이 비슷하게 그리지 못하도록 디자인권을 받는 것이 가능할까? 정답부터 말하면 디자인권으로는 불가능하다. 예술적인 그림이나 사진 또는 조형물의 디자인은 '저작권'으로 보호되고, 여기서 말하는 '디자인권'은 '새롭게 만들어낸 물품의 디자인'만 보호한다.

안타깝게도 '김기사'는 물품 형태가 아니므로 디자인권을 보호받을 여지가 없었다. 디자인권은 특히 신제품 비즈니스를 하는 경우, 쉽고 강하게 모방을 방지하는 효과가 있다. 예를 들어 애플과 삼성이 스마트폰 특허 분쟁을 시작하게 된 계기가 바로 '아이폰의 디자인권'이다. 우리나라에서는 '디자인권'이라고 하는데 미국에서는 '디자인 특허'라는 명칭을 사용하므로 특허 분쟁이라고 하지만, 엄밀히는 디자인권

- 특허권: 터치 화면에서 구현되는 스마트폰 '기술'
- 상표권: iPhone이라는 '이름'
- 디자인권: 눈으로 보여지는 물품의 '디자인'
- 저작권: 앱 이미지, 바탕 화면 이미지 등의 '창작물'

➡ 하나의 제품(서비스)을 여러 권리로 보호

아이폰으로 알아보는 '지식재산권' 종류

다툼이었다. 디자인권은 특허청에 서류를 제출하는 날로부터 20년간 독점이 가능한데, 이는 특허권과 동일한 보호 기간이다. 의류와 가방 또는 신발같이 패션 물품은 간이 심사를 통해 불과 몇 개월 만에 권리가 인정되고 출원 방법도 집에서 혼자 할 수 있을 만큼 간단하다. 신제품에 관한 스타트업은 특허에 이어서 디자인권도 반드시 보호를 받아두는 것이 좋다.

(3) 상표권

상표는 소비자들이 나의 물건이나 서비스를 부를 때 사용하는 이름을 보호받는 것을 말한다. 이때 주의해야 할 것은 '회사 이름'이 상표권의 대상이 되는 것이 아니라 '물건(또는 서비스) 이름'이 상표권의 대상이 되어야 한다.

예를 들어 '김기사'의 스타트업 명칭은 '록앤올㈜'이었고, 출시한 서비스 명칭이 '김기사'였다. 이때 소비자 입장에서 회사 이름을 외운다거나 중요하게 여길 이유가 없다. 소비자는 '김기사'라는 즉각 전달되는 명칭을 중요하게 생각한다. 그래서 회사는 모방 제품(또는 서비스)을 막기 위해 이 명칭을 상표권으로 보호받고 브랜드로 만드는 것이다.

상표권은 특허권(또는 디자인권)과 다르게 상표 등록일로부터 10년간 보호되며, 10년이 지나면 '갱신'이라는 방식으로 다시 10년간 보호받을 수 있다. 10년마다 갱신만 하면 거의 영구적으로 상표를 보호받을 수 있다. 그러므로 스타트업은 자신의 신기술이 적용된 물건이나 서비스의 인지도가 올라가서 사람들 입에서 입으로 "그 제품(서비스) 알아? 한번 써봐, 끝내줘"라는 시점이 되기 전에 반드시 상표권을 등록받아야 한다. 그렇지 않으면 다른 경쟁사가 자신의 이름으로 상표권을 등록받아 오히려 주인 노릇을 할지도 모른다.

(4) 저작권

특허권, 디자인권, 상표권이 특허청에서 심사를 통해 권리가 인정되는 데 비해, 저작권은 다른 방식으로 보호된다. 특허·디자인·상표는 '산업 발전'을 위해, 기업 간의 정당한 경쟁을 유도하기 위해 인정되는 데 비해 저작권은 다른 목적으로 인정되기 때문이다.

저작권은 시와 소설 등의 문학 작품이나 그림, 조각, 사진 등의 예술 작품, 음악 작품 등을 만든 창작자들의 노고를 인정해 일정한 경제적 이익을 주려고 만든 권리다.

예를 들어 젊은 가수가 좋은 노래를 만들어 불렀더니 다른 유명 가수가 우연히 듣고 자기 노래인 것처럼 불러서 히트를 치면 안 되지 않겠는가. 그래서 약자를 보호하는 것은 다른 지식재산권과 마찬가지지만, 보호받는 방식과 심지어 권리의 보호 기간도 다르다. 저작권은 별도의 등록 절차를 반드시 밟아야 하는 것은 아니다. 음원 사이트든 음반을 발매했든 외부에 발표하는 '공표'만 한다면 저절로 권리가 생긴다. 권리의 보호 기간은 저작자가 살아 있을 때는 물론이고 사망한 후 70년간 보호된다. 존 레논John Lennon이 사망한 지 오래되었지만 저작권을 보호받는 까닭에 다른 가수가 함부로 노래를 부를 수 없다.

스타트업은 자신들이 만들어낸 이미지나 광고 사진 설명 문구 등에 대해 저작권을 인정받을 수 있다. 물건이라면 물건 자체는 디자인권으로 보호되고, 물건을 촬영한 사진 등은 저작권이 인정된다. 내가 원하지 않는 사람이 광고물을 함부로 활용하는 경우 저작권 침해를 문제 삼을 수 있다. 온라인 서비스는 사용자 화면에 제공되는 영상이나 이미지에 대한 저작권이 인정될 수 있음을 기억해야 한다. 혹시 불미스러운 모방이 일어난다면 주저하지 말고 전문가를 찾아가자.

스타트업은 처음에 보통 핵심 역량인 신기술에 대해 특허권을 확보하는 것이 우선이다. 스타트업의 핵심이 신제품에 관한 것이라면 필수적으로 디자인권을 확보하라. 나중에 모방이 생겼을 때 특허권 하나만을 가지고 다투는 것과 디자인권을 함께 무기로 활용해 다투는 것은 차원이 다르다. 만일 제품이나 서비스의 '명칭'이 독특해 사람들의 머릿속에 기억되고 싶고 보호받고 싶다면 상표권도 반드시 확보하라.

저작권은 굳이 등록 여부를 신경 쓰지 않아도 무방하다. 대신 모든 창작물은 언제 어느 매체에 처음 발표했는지 근거를 남겨두면 충분하고, 문제가 생기면 전문가를 찾아서 상담하면 된다.

2

최소한으로 알아두어야 할 특허 등록 절차

특허를 등록받으려면 일정한 서식을 작성해 특허청에 제출함으로써 절차가 시작된다. 이를 **특허**에 관해 제**출**하는 **원**서라고 해서 중요 글자를 따 '특허 출원'이라고 한다. 특허 출원은 일정한 심사를 거쳐 등록되는데 필수적으로 알아두어야 할 과정이 있고 대처 노하우가 있어야 한다. 이제부터 공개하는 노하우를 잘 기억해두었다가 당신의 대리인과 상의하라. 아마도 이 노하우를 알고 있는 당신을 전문가에 준하게 대우하면서 당신의 특허 업무를 신중하게 처리할 것이다.

(1) 특허 출원

발명 내용을 일정한 작성 기준에 따라 **명**확하고 상**세**하게 **서**술하는

'명세서'라는 서류를 특허청에 제출하는 절차다. 명세서 작성은 누구나 할 수 있지만 실제 어떤 내용을 권리로 요구하는가에 대한 '특허 청구범위' 작성은 엄격한 작성 방식을 요구하므로 적어도 이 부분만큼은 전문가의 도움을 얻는 것이 낫다. 좋은 특허 내용을 만들어놓았는데 특허권의 가치가 형편없이 낮아진다거나 특허를 못 받게 되는 불행한 경우는 대부분 '특허 청구범위'를 잘못 작성한 탓이다. 가장 좋은 방법은 대리인을 통해 특허 출원하는 것이다. 비용이 부담된다면 공익변리사회의 도움을 얻는 방법도 있다.

특허 출원을 하는 방법은 전자로 작성한 문서를 온라인을 통해 제출할 수도 있지만, 실제 설치해야 하는 프로그램도 많은 뿐더러 온라인상에서 제출하는 것이 쉽지는 않다. 만일 서울이나 대전 가까이에 거주한다면 직접 특허청에 문서를 가지고 가서 출원하는 것도 추천할 만하다. 특허청은 대전시 둔산동에 있는 정부청사에 소재하고 있고, 1층에는 별도의 민원실을 두어 전문가가 상주해 있다. 서울 역삼동 지식재산센터에 있는 서울사무소에도 전문가가 상주해 있다. 이 두 곳 중 한곳을 방문해 전자 파일 또는 서류로 출력한 특허 명세서를 제출하면 된다. 이 과정에서 전문가의 도움을 받을 수 있으니 혼자서 컴퓨터와 씨름하다가 나중에 문제가 생기는 것보다는 훨씬 유리하다.

특허 출원이 이뤄지면 즉석에서 '특허 출원번호'가 부여되니 이를 잘 기억하고 활용하자. 특허 출원번호는 '권리 종류-출원 연도-일련번호' 형식으로 구성되어 있다. 특허 권리 종류는 10, 디자인 권리 종류는 30, 상표 권리 종류는 40이다. 즉 특허 출원을 2018년도에 했다면 출원번호는 10-2018-0012345×같이 순서대로 발급된다. 참고로 특허가 등록되면 별도의 특허 번호가 부여되는데 이는 '권리 종류-일련번호'로서 예를 들어 10-0012345×같이 형식이 다르다. 특허 출원이 되었다는 사실만으로도 경쟁사에게 모방을 방지하는 강한 힘이 있으므로 제품 포장이나 온라인을 통해서 '특허 출원 10-2018-0012345×'같이 특허 출원 사실을 적극 알리는 것이 좋다.

(2) 심사 기간 및 특허 공개

특허 출원을 하고 나면 일정 기간을 기다린 후에 심사 결과를 받아보게 되는데, 보통은 1년 정도 걸린다. 특허 출원을 한 사람의 입장에서는 곧바로 심사 결과를 받아보고 싶겠지만 다른 나라와의 균형이나 특허 출원인의 비밀 보호를 위해 일정 기간 여유를 두고 심사 결과를 내는 것이다.

하지만 특허 출원을 한 사람이 희망하는 경우, 우선해서 심사를 받아볼 수도 있다. 이를 실무상 '우선 심사 신청'이라고 한다. 다만 누구나 원한다고 신청할 수 있는 것은 아니고, 법에서 정한 예외적인 경우에만 신청할 수 있다. 법에서 정한 요건에 해당함을 별도의 신청 서류를 작성해 제출하고, 별도 비용을 특허청에 납부하면 심사관이 우선 심사 여부를 알려준다. 우선 심사 대상으로 결정되면 심사 결과는 대략 3개월 이내에 받아볼 수 있다.

우선 심사 사유
• 특허 내용에 관한 사업 진행이 상당 부분 이뤄진 경우 • 같은 내용으로 해외에서도 특허 출원이 이뤄진 경우 • 전자 상거래에 관한 발명인 경우 • 실용신안 출원인 경우, 출원일로부터 2개월 이내 • 기타 공해 방지 등의 여러 사유

만일 우선 심사 사유 요건에 해당하지 않으면 특허청이 요구하는 추가금을 부담하는 조건으로도 우선 심사가 가능하니 일찍 심사를 받아야 한다면 당신의 대리인과 상의해보기 바란다.

한편 특허 출원이 이뤄졌다고 즉각 특허청에서 내용을 공개하는 것이 아니다. 특허청에서는 특허 출원 내용에 대해 비밀을 보장하기 위해 특허 출원일로부터 1년 6개월 이후에나 특허 내용을 공개한다. 그 형식은 '공개 공보'를 통해서다. 즉 "이런 내용이 출원되었습니다" 하고 공개한다. 만일 1년 6개월이 지나지 않았는데 심사 결과가 특허 등록되었다면 직접 '특허 공보'를 통해 "이런 내용이 특허로 인정되었습니다" 하고 공개한다. 이 역시 특허 출원인의 의지로 일찍 공개하도록 요청할 수 있다. 특허 출원 시에 '조기 공개'를 선택하면 출원 후 즉시 공개되는데, 필자는 이 방법을 추천하지는 않는다. 조기 공개를 해봐야 남한테 내 비밀을 일찍 공개하는 셈이기 때문에 그다지 유리할 것도 없거니와 특허 출원 이후에 혹시 발명이 개량되더라도 일찍 공개된 내용이 발목을 잡아서 추가로 특허를 받기 어렵다.

(3) 의견 제출 통지

심사관은 특허 출원된 내용을 심사하면서 별다른 거절 이유가 없다면 특허 결정을 내리게 된다. 그런데 특허 출원을 하고 곧바로 특허 결정이 되는 경우가 반드시 바람직한 것은 아니다. 특허 등록을 받는다는 것은 나의 발명을 몇 점짜리 권리로 보호받는가에 대한 결과다. 100점에 가까운 점수로 특허 등록을 받는 것이 모방을 막기에 유리한데, 처음부터 '나의 권리는 10점도 충분하니 특허 등록만 해주세요'라는 식으로 깎아서 요구할 사람은 없기 때문이다. 그래서 대부분의 특허 출원은 실제로 예상되는 점수보다 조금 더 높여서 특허 출원을 하고, 심사 과정에서 심사관과 일종의 협상을 통해 깎는 과정을 거치는 것이 좋은 권리를 받는 데 훨씬 유리하다.

정상적인 특허 출원은 독특한 기술 분야에서 유례없던 발명을 제외하고 80~90% 정도는 심사관의 의견 제출 통지를 받게 된다.

의견 제출 통지는 심사관이 특허 출원 내용을 살펴보니 "선행 기술이 이런저런 면에서 유사한 것 같으니 의견을 좀 주세요"라고 정중하게 요청하는 과정이다. 즉 무조건 거절하겠다고 으름장을 놓는 것이 아니라, 유사해 보이는 선행 기술과의 차이에 대해 의견을 주면 참고하겠다는 것이다. 의견 제출 통지를 받았다고 겁낼 필요는 없다. 필자는 의견 제출 통지를 받았더라도 80~90% 정도는 설득 과정을 거쳐 특허 등록을 인정받고 있다.

특허 등록 절차

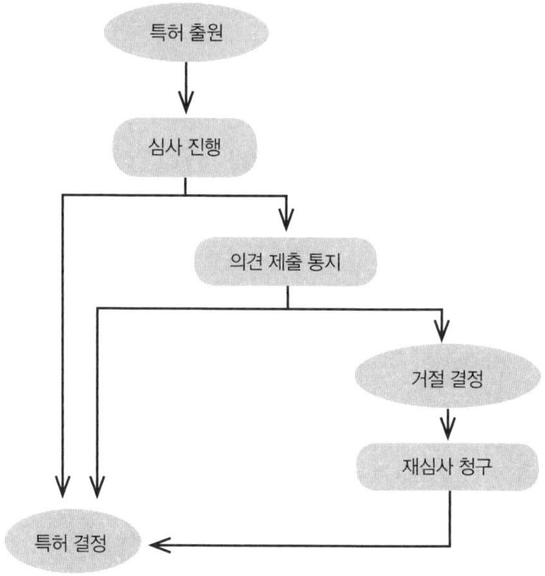

(4) 최종 결정 및 재심사 청구

만일 의견 제출 통지에 적절하게 의견서를 제출해 심사관을 설득했다면 '특허 결정'이라는 형식으로 최종 결정을 받게 된다. 특허 결정은 '특허를 내줄 것으로 결정합니다'라는 의미며 곧바로 특허 등록이 되는 것은 아니다. 특허 출원인은 특허 결정문을 받고 등록료를 납부해야 특허 등록이 된다. 등록료는 3년분의 연차료가 포함되어 있으며, 등록 후에는 4년차부터 연차료를 납부해야 한다.

한편 의견 제출 통지에 적절히 대응했으나 심사관을 설득하지 못했다면 '거절 결정'을 받게 된다. 거절 결정을 받았을 때 1회에 한해 재심사 청구를 할 수 있다. 이때는 권리로 요구하는 내용을 더욱 줄이는 '권리 감축 보정'이 필수다. 만일 심사관이 내린 거절 결정이 불만스럽다면 특허청의 상급 기관인 특허심판원에 '거절 결정을 받아들이지 못하셨습니다'라는 내용으로 '거절 결정 불복 심판'을 청구할 수 있다. 단, 거절 결정 불복 심판은 비용과 시간이 많이 드는 절차이므로 거절 결정을 받은 특허 출원인은 2가지 기로에서 신중하게 고민할 수 있다. 쉽고 빠르게 재심사 청구를 통해 권리를 줄여서라도 특허 등록을 받을 것이냐? 아니면 제대로 된 권리를 위해 비용과 시간이 들더라도 심판 청구를 거쳐 다툴 것이냐?

3

창업가가 처할 수 있는 가장 민감한 특허 출원 문제 4가지

당신이 개발한 신기술을 이용해 창업을 결심하고 특허에 대해 얻고자 하는 결과는 '특허 등록'일 것이다. 하지만 스타트업을 시작하고 여러 사업 활동을 하면서 의도하지 않은 변수가 당신의 특허에 영향을 끼칠 수 있다. 하지만 걱정하지 말자. 이들 역시 성공의 한 과정이고 충분히 해결할 수 있다.

(1) 진보성

특허 등록을 위한 요건은 여러 가지가 있지만, 실무상 가장 문제가 되는 것은 명세서의 엄격한 작성 방식을 지키지 못한 것(이를 실무상 '기재불비'라 한다)과 앞서 알려진 선행 기술과 비슷해 진보성이 없다는 것

2가지다. 명세서의 작성 방식 문제는 명세서를 보정하는 과정에서 대부분 해소되므로 적당한 시점에 전문가의 도움을 받기만 하면 큰 어려움 없이 해결된다. 실제 대부분 특허의 거절 사유가 되는 것은 진보성 문제다.

진보성은 '특허 출원 이전에 알려진 선행 기술과 그냥 달라서는 안 되고 획기적으로 발전된 경우에만 특허가 가능하다'는 요건을 말한다. 획기적인 기술 발전에 기여한 신기술만 특허로 보호해서 특허의 난립을 막고 특허의 높은 가치를 지켜내겠다는 의미다. 문제는 '얼마나 어느 정도로 발전되어야 하는가'에 대한 기준이 모호하다는 것이다.

특허청에서 심사를 담당하는 심사관마다 개인의 기술 수준이 다를 수 있으므로 같은 특허 출원이라도 심사관에 따라 '놀라운 기술인데?'라는 반응을 보일 수도 있지만, '별것 아닌데?'처럼 다른 반응을 보일 수도 있다. 특허청에서는 '그 기술 분야에서 통상의 지식을 가진 사람'을 기준으로 진보성을 판단하게 되어 있지만 아무래도 의견 대립이 생길 수 있다.

좋은 아이디어라고 자금을 끌어모아 스타트업을 시작했는데 심사관이 진보성을 인정하지 않는다면, 비즈니스가 자리 잡았더라도 후발 기업이 모방하면서 낭패를 볼 수 있다. 그렇기 때문에 스타트업을 시작하기 전에 선행 기술을 충분히 살펴봐야 한다. '내 특허가 진보성을 인정받을 수 있는가'에 대한 확신을 가지는 것이 무엇보다 중요하다. 진보성이 충분하지 않다면 힘들여 시장을 키워놓았더니 자금력을 가진 후발 기업이 빼앗아가는 남 좋은 일을 시킬 수 있다. 보다 신중하게 시작 여부를 결정하자.

(2) 신규성 상실

이미 사람들에게 알려진 공지 기술은 특허를 받을 수 없다. 이를 특허법에서는 '신규성이 상실되었다'고 표현한다. 특허를 원하는 사람들은 자신의 아이디어가 새롭다고 믿고서 특허 출원을 하게 마련이므로 신규성이 없다는 이유로 거절되는 경우는 그리 많지 않다. 하지만 스타트업을 시작하면서 의외로 신규성과 관련해 곤란한 상황에 놓이는 경우가 많다. 이를테면 비즈니스 시작 과정에서 특허 출원 이전에 스스로 발명을 공개한 경우다.

예를 들어 친구들과의 술자리에서 아이디어를 자랑하듯 꺼냈다고 해보자. 비밀 유지 의무가 없는 사람들에게 공개하는 것만으로 그 아이디어는 신규성이 상실된 것이다. 원칙적으로 이 아이디어는 아무리 진보된 것이라도 특허를 받을 수 없다. 한편 아이디어를 사업화하면서 투자자를 유치하기 위해 공개 프레젠테이션을 한다거나, 효능 검사를 위해 사람들이 지나가는 길거리에서 공개 시험을 하는 경우도 신규성이 상실된 것으로 간주한다. 박람회에 출품하거나 블로그에 공개하고 특허 출원을 하는 경우도 마찬가지다.

하지만 스타트업 시작 과정에서 어쩔 수 없이 공개한 경우도 신규성이 상실된 것이라고 거절한다면 가혹하므로 특허법에서 예외를 인정했다. 이것을 '신규성 상실의 예외'라고 한다. 발명을 공개한 날로부터 최대한 12개월 이내에 특허 출원을 하면서 발명이 공개되었던 내역을 스스로 밝히면 적어도 그 이유로는 신규성이 없다고 거절되지 않는다. 혹시 특허 출원을 할 때 밝히지 못했더라도 나중에 보정을 통해 '사실 특허 출원 이전에 제가 이렇게 공개를 한 적이 있습니다'라고 밝힌다면 그 역시 신규성이 상실된 것을 이유로 거절되는 것을 막아준다.

스타트업을 시작하면서 내가 원했든 원하지 않았든 공개되었다면 다음 2가지는 반드시 기억하자.

첫째, 특허 출원 이전에 발명이 공개되는 것이 바람직하지 않지만 피치 못할 사정이 있다면 반드시 12개월 이내에 특허 출원을 하라.

둘째, 발명이 공개되었다고 특허를 받을 수 없는 것은 아니므로, 신규성 상실의 예외 규정을 꼭 기억해두었다가 적극 활용하라.

(3) 심사 미청구

특허 출원을 한다는 의미는 '특허로 인정해줄 것을 요청한다'는 의미에서 '심사를 청구하는 것'이라고 할 수 있다. 그런데 반대로 독특하게도 특허 출원을 하면서 '심사를 청구하지 않는 것'도 가능하다. 실제로 특허 출원을 할 때 '심사 미청구'를 선택하면 출원번호를 발급하고도 특허청에서는 3년간 심사에 착수하지 않는다. 이 경우 3년간 계속 '특허 출원 중'인 상태를 유지하게 된다.

심사 미청구는 대기업에서 최대한 심사를 뒤로 미루기 위해 활용하기도 하고, 일본같이 심사 청구를 위한 특허청 비용이 수십 수백만 원이 드는 경우 비용을 아끼려고 활용하기도 한다. 그런데 스타트업은 의도적으로 심사를 청구하지 않는 것이 유리할 수도 있다. 특허를 출원하고 심사를 통해 특허 등록을 받으면 내가 보호받는 범위가 확정된다. 특허로 보호받는 범위가 원했던 만큼 충분히 넓어서 모든 모방품을 막아낼 수 있다면 다행이지만, 생각보다 그리 넓게 보호받지 못할 수도 있다. 이 경우라면 굳이 특허 등록까지 받았는데 다른 경쟁사가 나의 보호 범위를 분석해 쉽게 피하는 것이 달갑지 않을 수도 있다. 이처럼 예상되는 보호 범위가 적다면, 심지어 특허 등록이 어려울 수 있다면 심사를 청구하지 않고 3년간 '특허 출원 중'이라는 타이틀을 활용할 수 있다.

심사 미청구 상태로 특허 출원을 하면 경쟁사가 나의 특허 내용을 알더라도 어떤 내용으로 특허 등록이 될 것인지 예상할 수 없다. 경쟁사는 상대적으로 불안한 입장이 되어 모방을 주저하게 되고 만다. 만일 모방품이 나왔다면 그제야 심사를 청구하고 심사를 통해 긴급하게 특허 등록을 받아내는 것이 바로 '심사 미청구' 전략이다.

(4) 발명 업그레이드

아이디어가 완벽해 보이다가도 한참 지나고 보면 부족해 보이는 경험이 있지 않은가. 아무리 좋고 완벽해 보이는 아이디어라도 실제 창업을 결정하고 사업을 진행하다 보면 여러 가지 아쉬운 점과 보완점이 나타나기 마련이다. 이는 완벽한 결과물을 소비자에게 내놓고자 하는 기업가의 당연한 자세다.

특허 출원이 완료되었는데 발명이 업그레이드되었다면 어떻게 해야 하는가. 이때 한 가지 기억해두어야 할 것이 있다. 한 번 완료된 특허 출원에 발명 내용을 추가할 수 없다는 것이다. 만일 '보정서 제출'이라는 방식으로 업그레이드된 내용을 특허 출원에 포함시키면 그것 자체가 거절 이유가 된다.

특허 출원을 한 후에 중요한 내용이 추가로 개발되었고 이를 포기할 수 없다면 '우선권 주장 출원'을 고려하는 것이 좋다. 우선권 주장 출원은 원래의 특허 출원 내용에 업그레이드된 내용을 추가해 특허 출원을 새로 하는 것이다. 단, 특허 출원을 새로 하면서 '우선권 주장'이라는 것을 명시하고 처음 특허 출원 날짜와 특허 출원번호를 기재해야 한다. 이렇게 되면 하나의 특허 출원으로 통합되면서 원래 특허 출원했던 기득권은 그대로 유지할 수 있다. 새롭게 추가된 내용까지 한 번에 심사를 받는 장점도 뒤따른다.

업그레이드된 내용 자체가 중요하고 특허를 받을 수 있을 정도로 효과가 높다면 이를 별도로 특허 출원하는 것도 하나의 방법이다. 이렇게 되면 특허 출원이 총 2개가 되면서 관리가 다소 번거로워질 수도 있다. 반대로 총 2개의 특허를 가질 수 있게 되면서 재산권이 많아지는 결과가 되기도 한다. 단, 최초의 특허 출원 내용의 연장이다 보니 최초 특허 출원이 이미 공개된 경우 거절될 가능성이 있음을 유의하기 바란다.

결국 발명이 업그레이드되었을 때 우선권 주장 출원을 할 것이냐 아니면 별도로 특허 출원할 것이냐는 업그레이드 된 내용이 얼마나 중요하고 또 얼마나 진보된 것이냐에 따라서 개별적으로 판단해야 하므로 당신의 대리인과 충분히 얘기를 나누는 것이 가장 좋다.

4

특허 출원서 준비, 이것만 기억하면 된다

특허 출원을 하려면 발명 내용을 상세하게 작성한 '명세서'를 준비해 제출해야 한다. 명세서 작성법은 특허법에 정해놓은 일정한 규칙이 있어서 이를 어기면 특허 등록을 받을 수 없다. 다만 명세서 작성에서 심각하게 문제가 되는 부분은 상대적으로 적은 범위다. 그러면 명세서를 작성할 때 가장 중요하게 지켜야 할 부분은 무엇이며 어떻게 작성해야 하는지 살펴보자.

특허 명세서는 크게 발명의 설명, 특허 청구범위, 도면 3가지 부분으로 나뉜다.

이 중에서 발명의 설명과 도면은 전체적인 발명 내용을 글과 그림으로 설명하는 부분이다. 명세서 전체 분량의 약 80~90%를 차지하지만 '내 발명이 구체적으로 이런 내용이야'를 보여주는 것으로 기재 방식 요건이 엄격하지 않다. 마치 그림을 설명하는 것처럼 읽으면서 내용을 파악할 수 있을 정도면 충분하다. 심지어 논문을 그대로 특허 출원을 하더라도 무방하다.

특허 명세서에서 가장 중요하고 엄격하게 작성해야 하는 부분은 특허 청구범위다. 한마디로 '내 발명의 핵심 특징이며 권리로 요구하는 부분'을 따로 요약하는 것이다. 실제로 특허 '권리'로 인정한다는 것은 그만큼 다른 사람들도 명확하게 공감할 수 있어야 한다는 것을 전제로 한다. 그렇지 않고 뭉뚱그려서 '대강 이런 내용인데 권리로 인정해 주세요'라는 식이라면 나중에 다른 사람과 다툼이 생길 수 있기 때문이다. 그래서 특허 청구범위를 작성하는 일은 꼼꼼하게 해야 한다. 심사할 때 특허 청구범위를 100% 만족시켜야만 특허 등록이 가능하게 되어 있다. 이것이 형식적인 측면에서 특허 청구범위의 중요성이다.

그렇다면 샘플을 통해서 실제 특허 청구범위의 작성 방법을 확인해 보자.

맨 먼저 청구항 1, 청구항 2, 청구항 3… 이런 식으로 여러 항목으로 나누어 작성한다. 각 청구항은 [~제공 방법.]이라는 하나의 문장 형태로 되어 있다. '청구항 1'을 제외하고 [청구항 1에 있어서, ~제공 방법.] 형태로 되어 있는데 모두 '청구항 1'에 연관되어 있음을 알 수 있다. '청구항 1'은 내 발명의 '기본 해결 수단'에 관한 것인 반면 '청구항 2'

특허 청구범위 샘플

청구항 1

네트워크를 통하여 지역정보 제공시스템에 연결된 사용자 단말기에 지리정보를 기반으로 한 맞춤형 지도를 제공하는 방법에 있어서,
특정 지역에 대하여 생성된 지역정보를 제공시스템의 데이터필드에 저장하는 과정과, 각 사용자의 선택에 의한 특정 지역의 지역정보를 개인화 지역정보로 분류하여 개인화 데이터 필드에 저장하는 과정과, 상기 사용자의 요청에 의하여 개인화 지역정보를 사용자 단말기에 제공하여 표시하는 과정을 포함하여 이루어지되,
상기 제공된 개인화 지역정보가 사용자 단말기에 표시되는 과정은,
사용자의 실시간 위치를 산출하는 과정과,
사용자 실시간 위치로부터 각각의 개인화 지역정보의 방위 및 거리를 산출하고, 벌집 형태로 배열된 채 미리 표시된 지역정보 틀에서 지역정보들 간의 상대적인 방위 및 거리에 따라 위치를 결정하여 표시하는 과정을 포함하여 이루어져,
사용자 단말기의 실시간 위치를 중심으로 상기 개인화 지역정보를 벌집 형태의 지역정보 틀에 상대적인 위치와 거리를 고려하여 육각형의 형태로 표시함으로써, 자신에게 맞춤화된 지도를 제공하여 지역정보를 용이하게 활용할 수 있도록 하는 것을 특징으로 하는 정보블록에 의한 맞춤형 지도 제공방법.

청구항 2

청구항 1에 있어서,
상기 표시된 특정 정보블록을 선택하면 실시간 위치로부터 해당 지역정보까지 안내하는 길안내 모드로 연동되는 과정을 더 포함하는 것을 특징으로 하는 정보블록에 의한 맞춤형 지도 제공방법.

청구항 3

청구항 1에 있어서,
상기 표시된 특정 정보블록은 해당 지역정보의 부가 정보를 더 표시함으로써 정보블록을 선택하면 부가 정보를 제공받는 것을 특징으로 하는 정보블록에 의한 맞춤형 지도 제공방법.

청구항 4

청구항 1에 있어서,
다수의 지역에 분산하여 위치하는 특정 지역정보에 대하여는 사용자 단말기의 실시간 위치에서 가장 근접한 지역정보만을 추출하여 제공하는 과정을 더 포함하는 것을 특징으로 하는 정보블록에 의한 맞춤형 지도 제공방법.

청구항 5

청구항 1에 있어서,
상기 특정 지역정보는 타 사용자의 현재 위치정보에 관한 것으로, 소셜 네트워크 서비스에 연동하거나 전화번호 정보에 연동하여 타 사용자의 위치정보를 추가로 제공받는 것을 특징으로 하는 정보블록에 의한 맞춤형 지도 제공방법.

부터는 '청구항 1'에 관련된 '추가적인 해결 수단'을 작성하되, 각 청구항을 하나의 문장으로 시작해 끝나는 단어는 [발명의 명칭]으로 마무리되면서 마침표를 찍어야 한다.

각 청구항은 하나의 문장이면서도 [~와, ~와, ~와, ~를 포함해]라는 식으로 해결 수단이 각각 어떤 구성 요소들 간의 결합으로 이뤄졌는지 쉼표를 이용해 나열한다.

특허 청구범위의 작성은 이 정도만 지키더라도 90% 정도는 작성법을 충족하게 되며, 혹 다른 점에서 작성법이 문제가 있다면 의견 제출 통지 과정에서 심사관으로부터 적당한 가이드를 받아 해결될 수 있을 것이다.

중요한 문제는 '특허 청구범위에 어떤 내용이 담길 것인가'다. 특히 청구항 1은 나의 특허에서 핵심적으로 보호되는 내용을 기재해야 한다. 이때 쉼표로 나열되는 구성 요소에 굳이 필요 없는 내용까지 포함시키면 권리범위가 줄어들 수 있다. 그래서 청구항 1에는 발명의 핵심 특징 중 반드시 있어야 하는 구성 요소들만 나열한다.

예를 들어 노트북 특허를 권리로 보호받는다고 해보자. 노트북은 키보드, CPU가 내장된 하판, LED 모니터가 있는 상판이 힌지 결합을 한 것이 일반적이다. 보통 마우스를 연결해서 쓰는데, 그렇다고 마우스가 노트북에서 핵심 구성 요소라고 할 수 없다.

이때 청구항 1을 [키보드가 얹히고 CPU가 내장된 **하판**과, LED 모니터가 있어 하판에 힌지로 결합된 **상판**과, 유선이나 무선으로 연결된 **마**

청구항 1에서 굳이 없어도 되는 구성 요소인 마우스가 포함되어 있다면 마우스를 사용하지 않는 노트북은 보호를 받을 수 없다.

우스를 포함하는 노트북.]으로 작성하게 되면 마우스는 마치 필수 구성 요소로 취급된다. 그 의미는 반드시 마우스를 포함하는 경우에만 내 특허의 권리가 미치게 되고, 마우스가 없는 노트북은 기껏 힘들여 개발한 내 특허에 의해 보호받을 수 없게 된다.

그렇기에 특허 청구범위의 작성은 형식적인 점에서 엄격한 작성법을 갖추는 것도 중요하지만, 내 발명의 핵심 특징만 간결하게 되어 있는지 확인하는 것이 중요하다. 당신이 변리사를 통해 특허 출원서를 준비했다면 [청구항 1] 내용만 살펴라. 청구항 1에 작성된 내용 중 내 발명을 이루는 데 굳이 없어도 되는 구성 요소가 있는지 다시 한 번 살펴라. 그것만으로 나중에 후회할 일은 상당 부분 줄어들 것이다.

5

위기를 기회로 만드는 의견 제출 통지 대응 노하우

특허 출원된 발명에 대해 심사관이 특허를 당장 허락하기 어려운 사유가 있다고 판단할 때, 일정 기간을 주고 특허 출원인에게 적당한 조치를 취하거나 의견 제출을 요청하는 것이 '의견 제출 통지'다. 명세서 작성을 위한 엄격한 요건에 하자가 있다면 이를 적당하게 해결할 것을 요구하는 것이고, 유사 선행 기술이 있다면 다른 점이 있는지 출원인으로부터 의견을 제출하라고 요구하는 것이다. 의견 제출 통지 자체는 특허 등록 과정에서 일반적인 일이므로 걱정할 필요는 없다. 오히려 의견 제출 통지 과정을 잘 활용하면 더 좋은 기회로 만들 수 있으니 다음 노하우를 기억했다가 적극 활용하기 바란다.

(1) 대응 기간을 적절히 활용하라

의견 제출 통지 답변 기한은 2개월이다. 이 기한은 가변적이므로 반드시 2개월을 채울 필요는 없고 연장할 수도 있다. 의견 제출 통지에서 문제가 된 거절 이유가 형식적인 기재불비 사유라면 하루 만에 간단하게 해결할 수 있다. 이 경우 빠르게 보정서를 제출하고 '기간 단축'을 한다. 그러면 심사관은 굳이 2개월을 기다리지 않고 재심사를 하므로 특허 등록이 빠르게 된다. 반대로 의견 대응을 하기 위해 더 많은 시간이 필요하다면 기간을 연장할 수도 있다. 기간 연장은 원하는 연장 기간만큼 비용을 특허청에 납입하고 기간 연장 신청을 해야 한다. 한 달씩 추가할수록 비용이 늘어나는 구조이므로 최소한 원하는 만큼 연장했다가 필요한 경우 추가 연장을 한다.

(2) 명세서는 재작성이 가능하다

통상적으로 의견 대응을 할 때 명세서를 보정하는 보정서와 특허 출원인의 의견을 담은 의견서를 함께 제출한다. 이때 명세서를 보정할 수 있는 범위는 '처음 특허 출원 시에 포함된 내용이라면 무제한으로 가능하다'는 것을 기억해두자. 명세서를 보정하면서 처음에는 없던 내용을 추가하는 것은 인정되지 않는다. 하지만 처음부터 포함되었던 내용이라면 명세서 분량을 10배로 만들든, 특허 청구범위를 10배로 만들든, 새로 작성하든 모두 가능하다.

'뺑튀기 장치'에 관해 4건의 특허 출원을 했다가 의견 제출 통지를

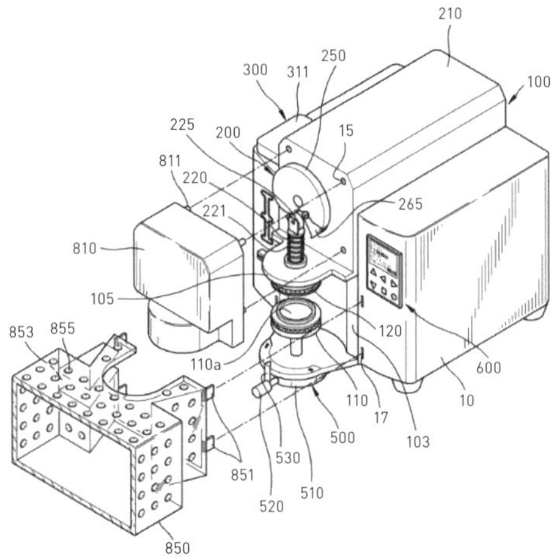

필자가 의견 제출 통지에 대응해 명세서를 새로 작성하고 특허받은 뻥튀기 장치

받고 찾아온 한 고객이 있었다. 원래 다른 대리인이 특허 출원을 했는데, 정작 고객이 중요하게 여긴 내용을 잘못 파악하고 엉뚱한 내용을 초점으로 명세서를 작성한 사례였다. 다행히 중요한 발명 내용이 명세서와 도면에 포함되어 있었다. 4건의 명세서를 모두 새로 작성하면서 발명의 핵심 내용을 고객이 의도하던 방향으로 살리고 특허 등록을 받기도 했다. 처음 특허 출원을 대리했던 변리사는 본인이 특허 출원을 잘못한 것을 인정하기도 싫거니와 명세서를 새로 작성하는 번거로움이 마음에 걸려 이 사실을 고객에게 알리지 않는다. 따라서 필요하다면 당신이 변리사에게 강력히 요구하라. 특허 명세서를 필요한 만큼 전면 재작성해달라고 말이다.

(3) 심사관과 만나서 적극 대응하라

의견 제출 통지는 보정서와 의견서를 서면 제출하는 것만으로 거절 이유가 해결되어 특허 등록되는 경우가 대부분이다. 하지만 서류 제출보다 더 적극적인 방식으로 심사관을 설득할 수도 있다. 의견 제출 통지 서류에는 담당 심사관의 직통 전화번호가 기재되어 있다. 간단한 의견 교환을 하고 싶다면 심사관에게 직접 전화를 걸어서 대응 방향을 상의하라. 전화상으로 심도 있는 이야기를 나누는 게 부족할 수도 있지만 의견 교환을 통해 더 나은 결과를 이끌어낼 수 있다.

심사관을 직접 만나서 의견 제출 통지 내용에 대한 이야기를 주고받고 관련된 자료를 보여주면서 설득하는 방법도 있다. 특허청에서는 이런 '심사관 면담'이라는 제도를 적극 권장한다. 실제로 서면이나 전화로 의견 전달이 충분하지 못한 경우 많이 활용된다. 방법은 특허청 www.kipo.go.kr에 방문해 '심사관 면담'을 예약 신청하고, 원하는 날짜에 대전 특허청에 마련된 민원실에서 심사관을 만나면 된다.

(4) 분할 출원으로 2마리 토끼를 잡아라

특허 출원을 하면서 100점짜리 특허를 받을 수 있다고 생각했는데, 심사관이 비슷한 선행 기술을 제시하면서 90점만 준다고 했다면 어떻게 할 것인가. 의견서를 통해 심사관을 설득하고 100점을 그대로 요청할 수도 있지만, 혹시 받아들여지지 않는다면 전체가 거절될 수도 있다. 심사관의 제안을 받아들여 90점만 요청할 수도 있지만, 깎인 10점

분할 출원

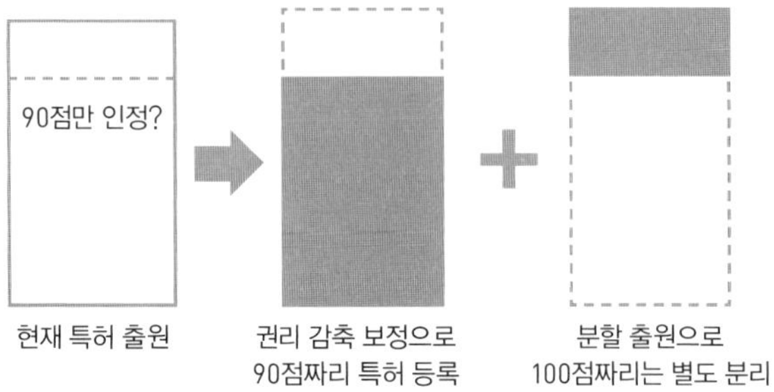

이 못내 아쉽다.

이 경우 '분할 출원'이라는 제도를 활용하면 2마리 토끼를 잡을 수 있다. 분할 출원은 현재 진행 중인 특허 출원을 2개로 분리하는 제도다. 현재 의견 제출 통지된 특허 출원은 90점으로 깎고 100점짜리 내용은 별도 특허 출원으로 분리하는 것이다. 그러면 현재의 90점짜리 특허 출원은 심사관의 의견을 반영했으므로 특허 등록이 될 것이고, 아쉽던 100점짜리 내용은 재심사를 받게 된다. 심지어 별도로 분할된 특허 출원은 원래의 특허 출원 심사 순서를 따르게 되므로 심사 결과를 빨리 받아볼 수도 있다. 특허 등록을 빨리 받고 싶고, 권리범위를 양보할 수 없다면 분할 출원을 활용해보라.

6

해외 비즈니스까지 염두한 특허 관리법

글로벌화가 급속도로 진행되면서 스타트업 영역도 국내에 머물지 않고 해외로 진출하는 경우가 상당하다. 해외 비즈니스까지 염두에 둔다면 특허는 어떻게 보호받아야 할까? 특허 등록은 나라마다 별도로 등록해야 한다. 대한민국 특허청을 통해 특허가 등록되면 대한민국 내에서만 보호받게 된다. 외국에서 제작되고 팔리는 경우에는 손끝 하나 건드릴 수 없다는 의미며, 대한민국에 수입되는 시점부터 대한민국 특허법에 의해 보호된다는 말이다.

해외 비즈니스를 염두에 두고 있다면 별도로 특허 등록을 위한 절차를 밟아야 한다. 내 제품이 중국에서 생산되고 국내에서 유통되며 미국에서 판매되는 것이라면, 생산 과정에 연관된 중국과 유통에 연관된 대한민국과 판매 시장에 연관된 미국, 이렇게 3개국에 각각 별도로 특허 등록을 밟아서 별도의 특허 등록을 받아야 한다.

전 세계 200여 개국에 일일이 특허 절차를 밟는 것이 절차적으로도 번거롭거니와 시간이 많이 걸리다 보니, 각 나라 특허청에서 편의를 제공한다. 그 편의를 시간적인 면과 절차적인 면에서 나눠 설명하겠다.

(1) 시간적인 면

나라마다 특허 출원을 하려면 해당 언어로 특허 출원해야 하는 것은 상식이다. 대한민국 특허청에 프랑스어로 특허 출원을 했을 때 오는 혼란을 생각해보라. 중국에 특허 출원을 하려면 중국어로 번역해야 하고, 미국에 특허 출원을 하려면 영어로 번역해야 한다. 이렇게 나라마다 번역하는 데 시간이 꽤 걸리는데, 일분일초가 시급한 특허 출원의 경우 번역 문제로 발목이 잡혀 다른 경쟁자보다 특허 출원이 늦어진다면 큰 문제일 것이다.

각 나라 특허청에서 이 문제를 협의한 결과, 조약국 어느 한 나라에 특허 출원을 했다면 그날로부터 1년 이내에 다른 조약국에 특허 출원할 때는 처음 특허 출원을 한 것으로 인정하기로 했다. 이를 '우선권 주장'이라고 한다.

예를 들어보자. 대한민국에 2018년 1월 1일에 특허 출원을 했다면, 미국이나 중국에는 그로부터 1년이 되는 2019년 1월 1일 이내에만 특허 출원을 하면 된다. 그러면 미국과 중국에서도 2018년 1월 1일에 특허 출원을 한 것으로 날짜를 소급해서 인정해준다.

1년의 우선권 주장 기간이 고마운 제도이기는 하지만, 실제로 스타트업을 시작하는 입장에서 1년이라는 시간은 그리 충분하지 않다. 특허 출원을 하고 별도의 우선 심사 신청이 없으면 처음 심사 결과가 나오는 데 1년 가까이 걸린다. 게다가 사업을 준비하는 데 1년이라는 시간은 정말로 짧다. 대한민국에 특허 출원을 하고 1년이 경과한 시점에 "만약 해외에서 특허가 필요하다면 1년이 되기 전에 해외에 특허 출원하세요"라고 알려주면 이런 답변이 돌아온다. "아직 우리나라에 특허 등록 여부도 모르는데 국제 특허까지 결정해야 해?"

이 경우처럼 시간이 필요할 때 활용할 수 있도록, 절차적인 점에서 편의를 제공하기 위해 만들어진 것이 바로 PCT 특허 출원이다.

(2) 절차적인 면

국제 특허 출원은 원칙적으로 중국에서는 중국어로 중국특허청에 특허 출원을 해야 하고, 미국에서는 영어로 미국 특허청에 특허 출원을 해야 한다.

이렇게 각 나라에 특허 출원을 위해서는 현지의 언어로 번역하는 비용이 발생하기 마련인데, 이것은 해외 특허를 더욱 힘들게 하는 원인이다. 만일 비즈니스가 자리를 잡은 덕분에 각 나라에서 특허가 꼭 필요하다면 당연히 비용을 투입할 수 있지만, 시작한 지 1년밖에 되지 않은 기업에서 막연하게 각 나라에 특허 출원을 하는 것은 큰 부담이 될 수밖에 없다.

이 경우 임시적인 국제 특허 출원을 해두고 각 나라에 비용을 들이는 과정은 뒤로 미룰 수 있도록 한 제도가 바로 'PCT 출원Patent Cooperation Treaty: 특허협력조약'이다. PCT 출원은 전 세계 200여 개국에 일시적으로 '특허 출원'을 하는 효과는 있지만, 그렇다고 실제로 200여 개국에서 특허 심사에 착수하지 않는다. PCT 출원을 한다는 것은 '이제 본격적으로 국제 출원을 할 거야'라고 일종의 개시 선언을 하는 효과가 있다.

그래도 PCT 출원은 우선권 주장을 하는 실제 '출원의 효과'가 있으므로 국내에 특허 출원을 한 날로부터 1년 이내에 해야 하고, '전 세계 200개국 특허 출원 중'이라는 효과가 있다. 그 결과 실제로 어떤 나라에서 특허 심사를 진행할 것인지를 결정하는 시간은 국내 특허 출원을 한 날로부터 30개월로 늘어나는 효과가 있다.

스타트업 입장에서 국내 특허 출원일로부터 1년이 되는 시점에 '과연 해외에서 특허가 필요할 것인가?'를 고민 중이라면 PCT 출원을 먼저 진행하는 것이 좋다. 그리고 나중에 30개월이 되어 어느 정도 비즈니스가 자리 잡았다면 실제로 어떤 나라에서 특허가 필요한지 선택해서 심사를 진행한다. 이때 각 나라에서 심사를 진행하는 것을 실무상 '자국 단계 진입' 또는 '개별 국가 진입'이라고 한다.

여기서 유의할 점이 있다. 나라별로 심사 진입 여부를 결정하는 30개월은 PCT 출원일로부터가 아니라, 국내 특허 출원일로부터 30개

'자국 단계 진입' 특허 관리

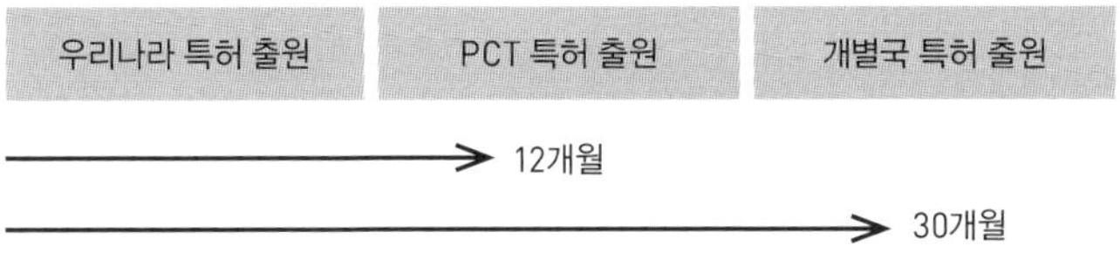

월이다. 중국 등 일부 나라는 31개월이다. 국내 특허 출원일로부터 최장 2년 6개월이니 이 기간을 꼭 기억해두자.

7

특허 침해가 발생했을 때 대응법

나의 신기술 아이디어가 특허로 보호되고 있는데 하필 경쟁사에서 똑같은 제품이나 서비스를 출시해 내 특허를 침해하고 있을 때 어떻게 대응해야 하는지 알아보자.

이 경우 상대 제품이 내 특허를 침해했는지 분명하게 확인해야 한다. 경쟁사에서 내 제품을 알고 모방했다면 특허 여부를 파악했을 가능성이 매우 높다. 그렇다면 특허 범위를 회피해서 출시했을 가능성 또한 높다. 또는 경쟁사가 최신 유행을 좇아서 자체 개발해 제품을 출시했는데 우연히 특허 침해가 된 것일 수도 있다.

이때 과연 특허 침해가 맞는지 내 특허의 [청구항 1]에 작성된 내용을 경쟁 제품이 그대로 포함하는지 확인해본다.

내 특허의 [청구항 1]에 작성된 내용이 [키보드가 얹히고 CPU가 내장된 **하판**과, LED 모니터가 있어 하판에 힌지로 결합된 **상판**과, 유선이나 무선으로 연결된 **마우스**를 포함하는 노트북.]인데 경쟁 제품도 이 내용을 그대로 갖추고 있다면 특허 침해가 성립한다.

특허 침해가 발생했을 때 '내용 증명' 발송을 통해 사전적인 침해 중지가 가능한지 타진해보는 것으로 시작한다. 보통 '내용 증명'이라고 하면 무시무시한 경고장이 생각날 것이다. 여기서 말하는 '내용 증명'은 우체국에서 '이런저런 내용으로 우편물을 발송한 것이 맞습니다'라고 내용을 증명해주는 송달 방법이다. 내용 증명 송달 방법으로 발송되는 우편물이 보통은 '경고장'인 경우가 많아서 '내용 증명'이 경고장의 대명사처럼 사용되는 것뿐이다.

'내용 증명 발송'은 일종의 선전포고 같은 것이다. '내가 당신의 특허 침해 사실을 알았으니 침해를 중단하고 합의 보자'라는 내용을 포함하는 것이 일반적이다. 이때 침해자 측이 영세하다는 등의 이유로 소송으로 가고 싶어 하지 않는다면 내용을 수긍하고 특허 침해를 중단한 다음 합의를 보려고 시도한다. 하지만 특허 침해를 인정하지 않거나 특허를 무시하는 경우, '당신의 특허 침해를 이런저런 이유로 인정하지 못하겠다'면서 내용 증명을 반박하는 회신을 하는 것이 일반적이다. 이 경우도 특허권자로부터 내용 증명을 받았으면서도 특허 침해를 계속했다는 이유로 법률적 책임이 더욱 높아지므로, 내용 증명을 보내는 것이 좋다.

그러면 특허 침해가 발생했을 때 법률적 책임은 어떻게 될지 궁금할 것이다. 특허법에서는 특허 침해를 한 사람에 대해 '7년 이하의 징역이나 1억 원 이하의 벌금에 처한다'고 규정(제225조 침해죄)한다. 그 외에 특허 침해에 의한 법률적 책임을 알려면 민법과 형법의 구조를 이해하는 것이 유리하다.

Ⓐ와 Ⓑ는 우연히 길을 걷다가 다투게 되었다. 화가 난 Ⓑ가 Ⓐ를 한 대 때렸다면 어떤 책임을 질 것인가? Ⓐ는 경찰서에 달려가 '폭행죄'로 Ⓑ를 고소할 것이다. Ⓑ는 폭력을 행사한 대가로 교도소를 가거나 벌금을 내는 등의 책임을 질 것이다. 그런데 여기서 끝이 아니다. Ⓐ는 별도로 법원에 Ⓑ를 대상으로 '피해 보상금'을 요청할 것이다. 법원에서는 치료비와 위자료로 일정한 금액을 배상하라고 명령할 것이다.

이처럼 일정한 잘못된 행위에 대해 사회적 혼란을 일으킨 것에 대한 '죄罪'를 묻는 것이 '형법刑法' 책임이고, 잘못에 의해 발생한 손해를 금전적으로 배상시키는 것이 '민법民法' 책임이다.

형법 책임과 민법 책임은 성격이 다르다. 각기 별도로 따지게 되며, 특허 침해도 형법 책임과 민법 책임이 따로 발생한다.

먼저 특허를 침해해 사회적 혼란을 일으킨 '특허 침해죄'가 바로 '7년 이하의 징역이나 1억 원 이하의 벌금'이다. 따라서 당신은 특허를 침해한 사람을 대상으로 경찰서에 고소장을 접수하고 침해죄를 물을 수 있다. 이와 별도로 민사적 책임을 물을 수 있다. 특허 침해로 당신의 제품이 팔리지 않아서 발생한 손해만큼 법원에 손해 배상 청구 소송

특허 침해상 형법 책임과 민법 책임		
특허 침해?	형사적 책임	7년 이하의 징역 또는 1억 원 이하의 벌금
	민사적 책임	특허권자의 손해 배상

을 청구할 수 있다. 침해자 쪽에서 침해를 중단하지 않아 손해가 커지고 있다면 별도의 '침해 중지 가처분 신청'을 신청하고 당장 침해를 중단하도록 요청할 수 있다.

결국 특허 침해가 발생했다면 다른 모든 재산권 침해의 경우처럼 소송을 통해 형사 책임과 민사 책임 양쪽을 묻는 것이 일반적이다.

그런데 특허 침해는 다른 경우와 달리 기억해두어야 할 것이 있다. 예로 들었던 'Ⓐ가 Ⓑ로부터 맞았다'는 사실은 크게 달라지지 않는다. 물론 형사, 민사 소송 과정에서 실제로 다툼이 있었는지 여부를 따지기는 하지만, 법원에서 실제로 그런 사실이 있었는지 여부를 판단하지는 않는다.

특허 침해는 '특허 권리범위의 해석'이라는 특별한 어려움 때문에 '과연 특허 침해가 맞는가?'라는 법적 판단을 별도의 전문 기관을 통해 먼저 받는다. 당신은 특허 침해가 맞는다고 생각하고 상대방은 특허 침해가 아니라고 생각한다면 어떻게 할 것인가. 때문에 특허에 정통한 전문 기관에서 '침해가 맞다 또는 아니다'를 먼저 판단하도록 한다. 그리고 그 결과가 맞는다면 그 견해를 기초로 형사적, 민사적 판단을 하는 방식을 취한다.

특허 권리범위 확인심판

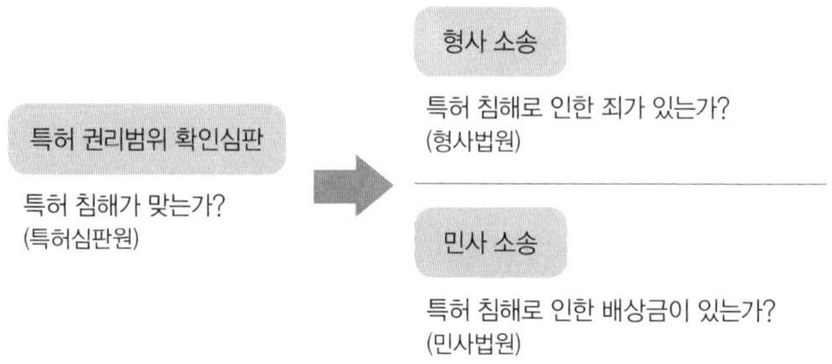

특허 침해 여부를 판단하는 전문 기관은 특허청의 상급 기관인 '특허심판원'이다. 특허 침해가 맞는지를 판단하는 절차의 이름은 '특허 권리범위 확인심판'이다. 즉 다툼의 당사자는 '특허심판원'에다가 특허권과 실제 침해 제품을 놓고 특허 침해가 맞는지 아닌지를 '특허 권리범위 확인심판'에서 다툰다. 특허심판원에서 나온 결과를 인정하지 못한다면 상급심인 특허법원에서 2차적으로 다툴 수 있다. 또 특허법원의 판단 결과마저 인정하지 못한다면 최고심인 대법원까지 가서 3차적으로 다툴 수 있다. 여기서 침해 여부가 최종 확정되면 그제서야 형사 책임과 민사 책임이 있는지 법원에서 다투게 된다.

실제로 특허 침해가 문제되는 경우 특허권자는 형사 고소와 민사 소송을 진행한다. 하지만 법원은 특허심판원의 '침해 여부'를 기다렸다가 결과를 보고 확인한다. 현명한 권리 다툼을 하려면 변호사 비용을 들여서 소송을 시작하기 전에 특허 권리범위 확인심판을 먼저 청구하는 것이 효율적이다.

이상으로 스타트업이 반드시 알아야 하는 지식재산권 상식을 살펴보았다.

필자가 지식재산권 강의를 할 때마다 항상 강조하는 것이 있다. 바로 "굳이 당신이 전문가가 되려고 하지 마세요"다. 법률, 세무와 마찬가지로 지식재산권 분야에 별도의 전문가 자격 제도를 운영하는 것은 그 분야가 그만큼 어렵고 자칫 실수하면 큰 낭패를 볼 수 있기 때문이다. 본인이 스스로 지식재산권 전문가가 되는 것은 어렵고 비효율적이다. 차라리 친하게 알고 지내는 변리사에게 필요할 때마다 궁금한 것을 물어보라. 대신에 지식재산권에 대해 전혀 모르면 기껏 돈을 들여서 일을 맡긴 변리사에게 휘둘릴지도 모른다는 것도 명심하자.

지식재산권에 대한 최소한의 기초를 알고 있으면서, 필요할 때마다 '이 경우에 이런 게 있다던데 변리사에게 물어보자'라는 마음가짐을 가지는 것이 가장 좋다.

지식재산권은 당신의 비즈니스를 성공의 길로 이끌어주는 도구다. 유용하고 훌륭한 도구지만 그 도구를 누가 어떻게 활용하느냐에 따라 비즈니스 성패는 좌우된다. 좋은 신기술 아이디어를 가진 당신, 이제 특허라는 좋은 도구를 활용해 비즈니스에 날개를 달고 날 준비가 되어 있다. 남은 것은 당신에게 달려 있다. 달려가고 날아가고 부디 성공하기를 바란다. '특허'가 당신에게 큰 힘이 되어줄 것이다.

에필로그

친구 같은 변리사

2017년 가을 무렵에 시작된 책 쓰기는 한겨울을 지나 새봄에야 마침표를 찍게 되었다.

책을 쓰면서 내용을 만드는 것보다 10년간의 콘텐츠를 정리하는 작업이 좀 더 어려웠다. 풋내기 변리사로서 처음 강의를 시작하고 소책자를 만들며 온라인을 통해 콘텐츠를 배포하는 10년 내내 나의 특허에 대한 시각은 한결같았으므로 일관성 있게 내용을 만들어가는 것은 그리 어렵지 않았다.

그간의 콘텐츠가 다소 들쑥날쑥하고 방대하게 흩어져 있다 보니 이들을 한데 그러모아 씨줄과 날줄을 따라 정리하는 과정이 오히려 쉽지 않았다.

이렇게 책을 완성하고 보니 그간 열심히 살았다는 생각이 부쩍 든다. 변리사로서 마냥 돈벌이에만 혈안이 되었던 것이 아니라, 나름대로 본인의 철학을 부지런히 외부에 알리고 있었구나 하는 자부심도 든다. 다만 그것이 제대로 드러나지 않았고 또 못했기에 이 책을 통해 일목요연하게 여러분에게 보여줄 수 있어 참 다행이다.

지면의 한계와 보안 문제가 있어 실제 사례를 충분히 보여주지 못한 것은 아쉬움으로 남는다. 혹여 더 상세하게 얘기를 들려줄 수 있는 부분을 빼놓고 전달하지 못한 것은 없을까 두려움도 있다.

그런 아쉬운 부분은 충분히 오프라인을 통해 보강할 수 있을 것이다. 이 책을 읽고 나와 공감하는 많은 분이 기꺼이 오프라인에서 인연이 닿았으면 한다. 다른 욕심보다 '나에게도 친하게 알고 지내는 변리사가 1명 있어'라는 생각으로 스마트폰에 전화번호를 저장해두었다가 궁금한 것이 생기면 문득 전화 걸어 물어볼 수 있는 변리사, 그게 나였으면 좋겠다.

그동안 나에게 몰입할 수 있는 장소를 제공해준 역삼동 소재 사무실과 몰입할 수 있는 기회를 만들어준 숱한 주말 동안의 시간들에 감사한다.

2018년 봄

이동기

북큐레이션 • 4차 산업혁명 시대, 스타트업을 준비하는 이들을 위한 라온북의 책

기존의 공식이 통하지 않는 급변의 시대, 남보다 한 발 앞서 미래를 준비하는 사람이 주인공이 됩니다.

디지털 노마드

권광현, 박영훈 지음 | 15,000원

사무실과 직장 없이도 원하는 곳에서 원하는 만큼 일하며 디지털 노마드족으로 사는 법!

'디지털 노마드(Digital Nomad)'란 인터넷, 네트워크 기술의 발달로 탄생한 종족으로 태플릿 PC, 노트북 등의 IT 기기를 갖추고 전 세계를 여행하면서 일하는 사람들이다. 이들은 디지털 기기를 사용할 수 있는 곳이라면 어디서든 일할 수 있다.

월 수익 1,000만 원 이상을 버는 저자들은 '디지털 노마드'가 무엇인지와 어떻게 디지털 노마드로 살 수 있는지 방법을 이 책에 담았다. 어떤 플랫폼을 활용하여, 어떻게 시작하고, 온라인 세계에 돈을 벌 수 있는 판을 깔고, 자동으로 수익을 일으킬 수 있는지 구체적인 매뉴얼까지 알려주어 그대로 따라하면 성과를 낼 수 있다.

SNS 마케팅 시리즈

임헌수, 최재혁 지음 | 각 권 16,000원

카카오스토리, 인스타그램, 네이버, 구글, 유튜브 지금 가장 뜨거운 눈 채널 마케팅의 모든 것!

온라인 마케팅은 날로 발전하는 기술의 변화와 시시각각 변화하는 소비자들의 입맛을 잡기 위해 더욱 치열하게 전개될 것이다. 이 경쟁 속에서 살아남기 위해서는 나의 일방적인 메시지를 전달하는 것이 아니라, 디지털 시대에 걸 맞는 채널로 재가공하여 발신해야 한다. 이야기를 듣고 싶어 할까? 이 시리즈는 모든 온라인 마케터와 사장들의 질문에 답한다. 전문가가 다년간 축적한 온라인 마케팅 핵심 개념을 초보자의 눈높이에 맞게 설명하고 있으며, 특히 홍보에만 주력할 수 없는 대다수 기업의 현실을 적극 반영하여 최대한 간편하고 쉽게 따라 할 수 있는 방법을 함께 소개하고 있어 매우 실용적이다.